今村光章
Imamura Mitsuyuki

社会変革と再生産の
ダブルバインドを超えて

環境教育という〈壁〉

昭和堂

環境教育という〈壁〉

——社会変革と再生産のダブルバインドを超えて

はじめに

本書の目的はひとつである。

環境教育の営みを再考し、より有意義な教育にすることである。

環境教育にすでに熱心に取り組まれている読者にも、環境教育にはさほど興味のない読者にも、ぜひとも本書にお目通しいただき、環境教育の裾野を広げ、その理解を深める一助となればと願う。

本書には目標が二つある。

ひとつは、学校で実践されている環境教育の「壁」の正体を暴き出し、それを乗り越える方法を一緒に考えていただくことである。環境教育に一生懸命に取り組んでも、環境問題改善のための実効性はなかなかあがっていないように見うけられる。環境教育という営み自体に限界があるようにも思われる。それゆえに本書では、環境教育の「壁」をとりあげることから出発する。

もうひとつの目標は、地球環境問題を解決し、持続可能な社会を構築する環境教育の基礎的な理論を検討する布石とすることである。具体的にいえば、環境教育による社会変革のための理論を構築するとともに、すでにある環境教育の意味づけをすることで、環境教育学の構築を目指したい。

昨今では、環境教育というタイトルが付された環境教育の概説書やマニュアルは多数出版されている。あまり環境教育になじみのない方が、はじめて環境教育の取り組みを知るためには、そうした入門書が有益である。環境教育をさらに深く理解し、推進するために参考になる意欲的な書物も多々ある。そのような研究書も、すでに環境教育に取り組まれている方には重要な手がかりとなる。

だが、環境教育が広い分野にわたるため、入門書にせよ研究書にせよ、多くの執筆者によって書かれていることが多い。単独の著者がひとつの定まった視座から環境教育の理論に言及した先行研究はわずかである。しかも、教育実践に関する書物は別として、教育学的アプローチを基盤にして環境教育の基礎的な理論構築を目指す先行研究は、わたしの見る限り皆無に等しい。そういった理由から、わたしはひとりきりで環境教育の基礎理論を構築することを狙う。

もちろん、環境問題の解決を目指す数多くの異分野が提携する広大な領域にまたがる環境教育に対して、教育学というたったひとつの視座からアプローチするのには限界がある。それでも、環境教育が教育である以上、ひとまとまりの筋の通った教育学的な接近法が不可欠だと考える。方法が無謀であることも自らの未熟さも十分に承知した上で、本書がわずかながらでも環境教育の理論構築の布石になればと願う。そのための試論である。

本書を契機に環境教育についての理解が深まり、環境教育が多くの人々に支持されることを祈りたい。ひいては、環境教育によって、ある程度、環境問題が解決されることを期待する。そして、ある一定程度までは、環境教育の意義を認められるようになることを願っている。こうした控えめな願いを聞き届けていただいて、環境教育のさらなる発展にご協力をいただければと願う。

目次

第4章　環境教育による社会変革理論構築の試み――「壁」を乗り越えるために

序　章

教育学的視座から環境教育の「壁」に臨む——本書の視座と構成

◉環境教育は環境問題の解決に役立つか？——本書を貫く問題意識

環境問題が深刻化している。できるだけ早く環境問題を解決し、持続可能な社会を構築しなければならない。そのため、多くの学問分野でありとあらゆる取り組みが行われるようになった。教育学の分野も例外ではない。環境教育（Environmental Education）という新しい発想とジャンルが登場し、教育実践の領域が確立された。

環境教育といえば、自然体験教育や野外教育などの自然や動植物に親しむ体験型教育がまずは想起されるにちがいない。次に、環境や環境問題についての知識に関する理科教育や社会科教育などの教科教育が思い起こされるだろう。そして、環境に配慮した行動をするといった実践志向の教育——道徳教育や家庭科教育、特別活動など——も思い浮かぶはずである。

環境教育が実践されているのは学校だけではない。環境問題は、生涯学習や社会教育における主要なテーマである。地域社会や各種団体などにおいても、環境学習[*1]はさかんになりつつある。その背景には環境教育関連の法律の整備がある。環境教育という用語や概念さえなかった時代と比較すれば、飛躍的に環境教育が社会的に認知されている。その進展を妨げるものは何もないように見える。

環境教育に関する全体的状況を漠然と思い浮かべれば、熱心に環境教育が実践されており、順風満帆でこれといった課題はないように見える。今後も環境問題を解決する上で、環境教育は十分な貢献が可能で、順調に発展する可能性を秘めているように思われるかもしれない。

しかしながら、わたしはある疑問を抱き続けている。

学校における環境教育において、いくら自然体験だけを繰り返しても、どれほど環境問題に関する知識を積み重ねても、たとえ環境を守る行動実践を何度反復してみても、環境問題の根本的な解決にはつながっていないのではないか。そもそも、学校における環境教育は、人間と自然環境との関係を元通りに復元し、あるべきふさわしい状態にすることができるほどには発展していないのではないかと疑う。現在のような環境教育をどれほど積み重ねても、環境問題の根本的な解決にはならないのではないだろうか。

「環境教育は環境問題の解決に役立つのか?」――わたしはそうした疑問をなかなか拭い去ることができない。この疑問こそ本書を貫く問題意識である。

この問題意識は次のようにいいかえられる。環境問題の解決に役立つ環境教育を構築する上で、見えにくい「壁」があるのではないか。ひょっとすると、そのような「壁」が存在することすら、共通に認識されていないのではないか。だからこそ、「壁」を乗り越える方法が見つからないのではないか。もし、その「壁」を完全に打ち破れば、環境教育はもっと効果的になるかもしれない。あるいは、環境教育の別の存在意義を発見できるかもしれない。加えていえば、「壁」を意識する自分たち自身――教師や市民や保護者としての現代人――を意識すれば、「壁」の意味はもっと深くなるだろう。

右記のような問題意識の裏側には、環境教育の存在意義に関するわたしの危機意識がある。それは、環境教育の存在意義を再発見しなければ、環境教育はこのまま消失するかもしれないという危機感である。いや、もしかすると、環境問題の解決を目指す環境教育を構築するという営みが最初から間違っているのではないかという疑問さえ生じている。こうした疑問も本書を貫く問題意識である。

本書では、現在、学校で行われている環境教育を阻む「壁」の正体を暴き出し、その「壁」を乗り越えていく方法を模索したい。それゆえに、環境教育の「壁」の問題から出発する。その存在を知っていただくことが本書の大切な目標だからだ。そして、環境教育の基礎理論を構築するために、「壁」の克服方法を読者の皆様と一緒に考えていきたい。

◉教育学の視座から「壁」に臨む――本書の特徴

書名に環境教育と銘打った書物はすでに数十冊出版されている。それに加えて、さらにもう一冊を加えるなら、ほかにはない主張や新たな特徴がなければならない。それは次の二点、すなわち、「壁」から出発する点と教育学的な視座からアプローチする点である。

最初に、環境教育の実効性を阻む「壁」の存在から出発する点について説明しよう。

「壁」とは、環境に配慮した行動をするように動機づける環境教育を無力なものにし、抵抗する力である。残念ながら、多くの人々は、それほどしっかりとはその「壁」の存在に気づいてはいない。

先取りしていえば、この「壁」を認識してはじめて、それを乗り越える戦略をたてることができる。そして、環境教育をある一定の方向で行うこと、とりわけ、その一定の方向性について議論し合意するプロセスが必須であることが明らかになる。

本書の第二の特徴は、教育学的なアプローチに基づく点である。環境教育関連の書物は多いが、教育学的なアプローチをする類書はごくわずかである。そこで、教育学の視点についてややくわしく説明しておこう。

教育学は、「いま、ここ」にある子どもたちの「いのち」の存在を前提にし、その肉体と精神が健やかにはぐくまれることを願う学問である。「いま、ここ」に存在する子どもたちが大人になった未来社会の創造にかかわる学問であるばかりではない。まだこの世に「いのち」を授かっていない未来の子どもたちの健やかな成育も、その子どもたちが大人になって暮らす社会の安寧も目指している学問である。

子どもがいなくなれば、教育の営みが消失して教育学自体が消滅する。そのため、教育学は、未来世代の生存を脅かす環境問題に対して、決して傍観者的態度でいられるわけはない。積極的に環境問題の解決にかかわり、子どもたちが健やかに育つことを期待して、未来の社会を構築するという特徴を際立たせなければならない。教育学は積極的に環境問題と取り組むべき学問分野である。

教育学は、現在ある教育よりも「よりよい教育」を実現しようと試みる価値志向的な営みであるともいえる。振り返ってみれば、教育とは、未来のある時点において、「よりよい現在」を再構築しようとする絶えざる試みであった。現在ある状況をその姿のままにそっくり再現することだけでは、教育者は決して満足しない。もし、教育と教育者に社会と文化を再現するだけの役割しかないとしたら、一定の「教育」が成立してしまえば、それから後は「教育」は更新されないということになる。教育学の役割は、現代社会の問題に応答して、絶えず新たな要素を教育に付け加えたり、それまで内在していた要素を削除したりして、「よりよい教育」を実現するために教育の自己更新を促進しつづけていくところにある。

従来の教育学は、哲学的にも経験科学的にも実証的にも、「よりよい教育」の実現のために必要な要素である、教育の目的、目標、方法、教材、制度、環境などがどのようなものであるかについて考察し、「よりよい教育」を自律的に実現してきた。換言すれば、理想的な教育を、意図的かつ計画的に、しかるべき適当な時期に、ふさわしい発達の状態の子どもに与えるべきだと主張してきた。

教育（学）者は、「すでにあるもの」に対して、「よりよいもの」を、「自然に進行してゆく発達」に対しては「計画された変化」を求めてきた。そして、それを糧として命脈を保ってきたのである。[*2] いまでは、教育学は、環境教育という領域を取り込むことで、現実の環境よりも「よりよい環境」を与える新たな使命を背負い込んでいる。やや抽象的な表現を借用すれば、「実践としてのならびに理論としての教育学には、成長しつつある世代のなかに社会的変更の可能性を生み出すという課題が割り当てられている」[*3] のである。

ただし、環境に関する新たな課題はこれまでの課題とは異なる。これまで、教育的環境学や教育環境論は、「よりよい教育」を与えるための「よりよい環境」とはなにか、どのようにそれを実現するかという課題に取り組んできた。それに加えて、地球環境問題に応答する教育学は、教育のために限らず、地球全体のために「よりよい環境」とはなにか、どのようにしてそれを実現するのかという、まったく新しい課題にも立ち向かう課題を背負う。

端的にいえば、教育という行為の根源には、変革への志向性が内在している。環境教育にもそうした志向性がある。教育学から環境教育にアプローチする場合、教育と環境を現在よりも「よりよく」しようとする変革の志向性を決して見逃してはならない。教育学は、「教育のためのよりよい環境」と「環境のためのよりよい教育」の両方を同時に実現しなければならない。

したがって、「よりよい環境」を実現するために、環境に配慮するような何らかの要素を現在の教育に加えたり、現代教育のなかで環境問題を引き起こしていると考えられるような要素を削除したりして、「環境のためのよりよい教育」――すなわち環境教育――の実現を援助することが教育学の役割である。本書においては、以上のような変革を志向する教育学を基本的視座としたい。[*4]

◉慎み深い環境教育から情熱的な環境教育へ——本書の主張

次に、以下の議論の見通しをよくするために、結論を先取りする形で、本書の狙いを説明しておこう。また、環境教育にあまりなじみのない読者のために、環境教育の分類に関する簡単な見取り図を用意して、本書の方向性を示しておこう（図1）。

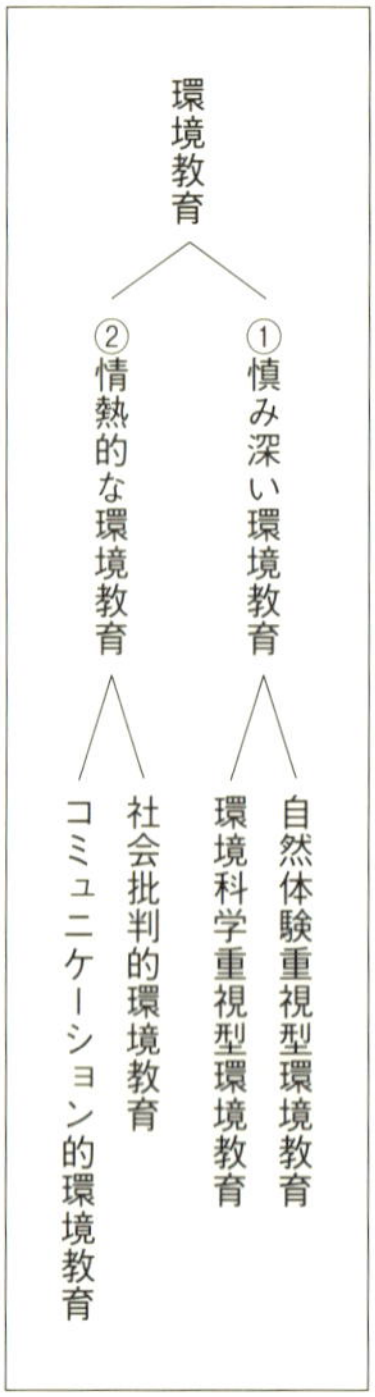

図1 環境教育の分類図(1)

わたしは、環境教育が、まずは二つに分類できると考えている。ひとつは、価値中立的な「慎み深い環境教育」であり、もうひとつが、価値志向性を帯びた「情熱的な環境教育」である。本書でのわたしの当面のもくろみは、「慎み深さ」を守ろうとする環境教育研究者と実践者の心に、「情熱」をわずかばかり加えることである。だが、最後には「情熱」を超えてわたしも「慎み深さ」を取り戻す。

もう少し説明しておこう。

「慎み深い環境教育」は二種類ある。ひとつは、自然保護教育に端を発し、野外活動や自然体験を重視する「自然体験重視型環境教育」であり、もうひとつは、環境や生態系、環境問題の科学的事実を伝える「環境科学重視型環境教育」である。両者がともに言葉の本質的な意味において「慎み深い」わけではない。「慎み深さ」の種類にも程度にも違いがある。

わたしは「慎み深さ」を否定するつもりはまったくない。教育は、経験や知識を与え、個人の意思決定能力や判断力、論理的思考力を育成し、個々人の特性に応じた人格を自分で創り出すのを援助するという立場であるとすれば、それ自体にはまったく問題はない。特定の「○○のための教育（education for something）」という教育目的の設定を掲げるべきではないという立場は理解できる。

しかしながら、「慎み深さ」を保持したままでは、持続可能性（sustainability）の高い社会を構築することは不可能であるとも考える。なぜなら、環境教育を阻む大きな「壁」があり、それを乗り越えるにはかなりの「情熱」が必要であると考えるからである。自然体験だけを繰り返したり、科学的な知識を教えたりするだけでは、環境教育の教育目的は遂行できないと考える。

他方、「情熱的な環境教育」も二種類ある。ひとつは、現代の消費文化を反省し批判して、持続可能な形態の社会と文化を構築しようとする「社会批判的環境教育」[*5]であり、もう一方は、市民社会での合意やワークショップを軸とする「コミュニケーション的環境教育」である。

わたしは、このうち、「社会批判的方向性」を、ある程度まで重視し、その主張をやや意識化し、コミュニケーション性（合意形成の訓練）を加えることで、持続可能性の高い社会を構築することのできる環境教育が可能になると考える。現代社会批判をすることは環境教育の目的ではない。粘り強く強烈な批判を繰り返しても、強いイデオロギーを持ち込んでも、環境教育の具体的かつ実践的な方向性は見えてこないと考えられる。そのため、本書では、社会変革論を持ち出しはするが、「社会批判的方向性」をそれほど強調しない。わたしには、環境教育を環境保護運動にするという意図はまったくない。ただ、環境教育という目的に特徴づけられた教育を実践するには、控えめではあるとしてもある程度の「情熱」が重要であり、そしてそれに伴う希望と勇気が必要だと考える。

◉すでにある環境教育、すなわち環境教育の深みへ——本書が加える環境教育の新しい次元

もうひとつの本書の主張は、すでにある環境教育、すなわち既存型環境教育という枠組みがあることを明示することである。

先述の「慎み深い環境教育」と「情熱的な環境教育」は、どちらも理念型環境教育である。ここでいう理念型環境教育とは、一九七二年以来、国際的な政治的戦略として構想された理念先行型の環境教育である。その特徴は、意図的計画的な教育であり、機械論的な人間観と自然観を基盤としているところにある。つまり、理念と目的・目標・計画・評価をともなっている広い意味での教育実行計画（プロジェクト）であるというところにある。

一方で、環境教育とは意識されてはいないが人間と自然環境との営みを教え学ぶ営みである既存型環境教育もある。既存型環境教育は、生活のなかに埋没していて見えにくくはなっているが、無意図的無計画的な教育であり、有機体的な人間観と自然観をベースにしている。

既存型環境教育は、理念先行のプロジェクト推進型のあるべき環境教育とは異なったレベルにある教育である。それは、生起する場面に応じて、家庭のなかにある環境教育、地域と共同体の暮らしのなかにある環境教育、将来的に市民が作り上げていく環境教育、の三つに分けられる（図２）。

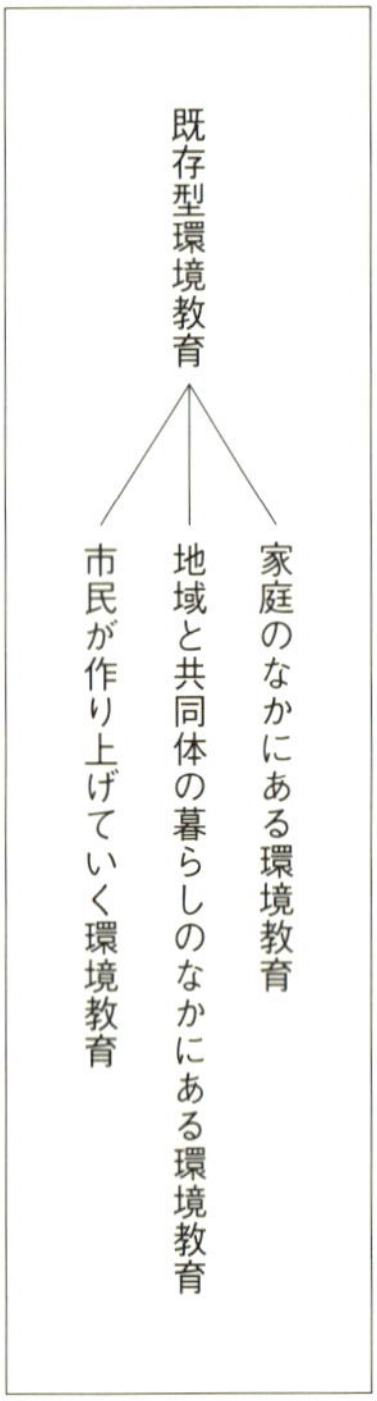

図２　既存型環境教育の分類図(2)

昨今では、どうやら理念型環境教育が広く認識されているが、そればかりが環境教育ではないことを思い出さなくてはならない。自然環境のなかで、大人が子どもとかかわったり、環境を話題にして他者と出会ったり語ったり、あるいは、ひとりで自然と触れ合うなかでも、なんらかの環境に関する「教え＝学び」が生成している。そこで、教育目的を明らかにした理念型環境教育に対置して、すでに生活のなかにある既存型環境教育ともいうべき現象があることを本書では確認したい。その営みに気づくことが環境教育の領域を飛躍的に膨らませ、環境教育の存在意義を再発見することにつながるように考えられるからである。

さて、わたしの主張と立場を申し述べておけば、社会批判的環境教育を参照ポイントにしながら、コミュニケーション的環境教育を取り入れる「新しい環境教育」が必要だということになる。それに加えて、既存型環境教育に保護者や市民が気づいていく過程も重要であると考える。

本書では、理念型環境教育に対置する形で既存型環境教育を持ち出すが、その際には、既存型環境教育を「もうひ

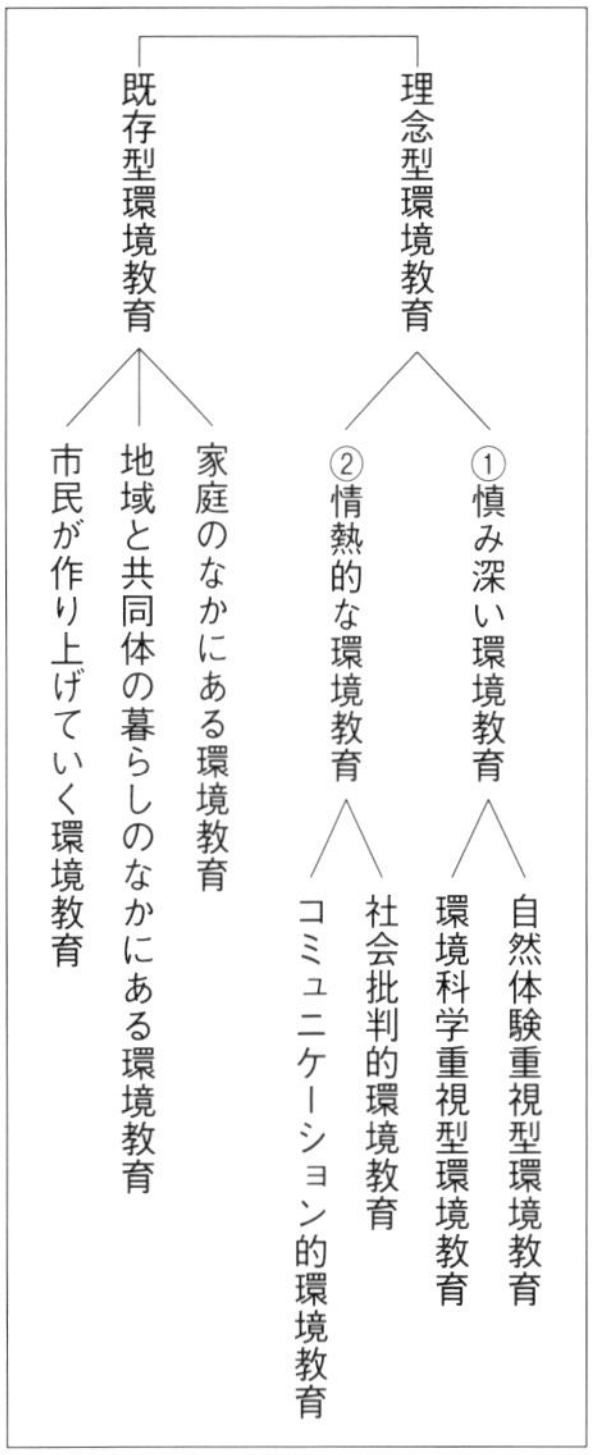

図3　環境教育の総合的分類図(3)

とつの環境教育」と表記することがある。そして、理念型環境教育と既存型環境教育が融合したこれまでには見られなかった環境教育を「新しい環境教育」と表記する。その「新しい環境教育」の発想の手がかりを示すことも本書のささやかな目標である（図3）。

◉本書の構成

次に本書の構成について述べておきたい。

本書では、環境教育に関する用語や定義の整理、歴史、理念、概念の検討、先行研究などから理論構築を行うのではない。

やや唐突だと受け止められるかもしれないが、フロンガスのジレンマといった授業実践の「壁」を描き出すことから始める。第1章「環境教育実践を阻む『壁』」では、なぜ、教育学的見地から環境教育を再検討する必要性があるのかについて、授業事例をあげて検討する。「壁」の問題をきわめて現実的な授業実践から捉え直す試みである。

次の第2章「ダブルバインドという環境教育の『壁』」では、アメリカの環境教育学者であるチェスター・バワーズ（Chester. A. Bowers 一九三五〜）を手がかりに、環境教育が直面する理論問題をダブルバインドという主題のもとに論じる。

最初の二つの章で、ダブルバインドという概念を理解するのに多少苦労されるかもしれない。また、やや難解な内容を含むかもしれない。だが、第2章を乗り越えさえすれば、平易な文体で読みやすい内容の章が続く。もし、最初の二つの章で読みにくさを感じられたら、第Ⅱ部から読んでいただいても差し支えない。

詳述は本文に委ねるが、学校における環境教育のダブルバインドは、再生産と社会変革という二つの方向の異なった機能を学校に負わせているところから生じる。これが本書を貫く基本的な認識であり、それが環境教育の「壁」でもある。日常的な表現としては「壁」と表記したが、その根源は環境教育という営みのダブルバインド的性質である。ダブルバインドという用語を用いることで、異なる二つの方向性――二分法――が、環境教育にあることを明らかにしていく。

「壁」を乗り越える基本的な態度は希望を持つことであり、人間形成の過程で何らかのコントロールを加える勇気を持つことが必要であることを示すのが第3章「環境教育の『壁』を乗り越えるための希望と勇気」である。希望の重要性と人間形成への教育的配慮をする勇気の必要性をめぐって、教育学的なアプローチの基本的な視座を確認する。ダブルバインドに対応する上では、希望と勇気が必要であることを情緒的に訴えかける章である。

第Ⅰ部「環境教育実践の『壁』に挑むための基礎理論」のしめくくりの第4章「環境教育による社会変革理論構築の試み――『壁』を乗り越えるために」では、「壁」を乗り越える社会変革理論について検討する。社会学者でもあり精神分析学者でもあったエーリッヒ・フロム（Erich Fromm　一九〇〇～一九八〇）が示した「存在様式」という人間学的な概念分析、および社会的性格論とその延長線上にある社会的変革についてのひとまとまりの思想が、環境教育の基礎理論のひとつとなることを明らかにする。

先取りしておけば、フロムの「持つ存在様式（the having mode of existence）」と「在る存在様式（the being mode of existence）」、すなわち、所有という人間の存在様式の表れと、存在（本書では、共在・自己実現に分類する）という表れという二分法は本書を貫く一貫したフレームである。この所有か存在かというのは二者択一の課題ではなく、それぞれが別の次元にあるのではない。しかし、所有ばかりではなく存在という生きかたの選択肢があることを示すのが環境教育の教育目的のひとつではないかという発想を持ち込むことで、環境教育の新次元を拓くことができるようにも考えられる。したがって、所有と存在というテーマは、第Ⅱ部にも引き継がれる。

さて、第Ⅱ部「すでにある環境教育の再発見と再構築」では、社会変革理論をさらに展開して、「壁」を乗り越えるという思考法からは離れる。臨床教育人間学的な思考法から、人間と自然との関係を考え直すための手がかりを模索する。第Ⅰ部とは異なった考えかたを示すことが狙いである。

第5章「わたしが体験し実践する既存型環境教育——日常生活のなかにある環境教育」では、他の章とは記述の方法が異なり、物語り的に、わたしという主語を多用し、自分自身の既存型環境教育の経験とその見解を直接的かつ主観的に語るという方法をとる。意図的・計画的に持続可能な社会と人間を形成するという意図の下に実践される教育の構想を論じる一方で、すでに持続可能性を実現しようとしている教育行為——既存型環境教育——があることを再発見するためである。

続く第6章「絵本のなかの既存型環境教育——家庭教育のなかにある環境教育」でも、絵本のなかにある既存型環境教育の営みを指摘する。既存型環境教育の教えが絵本のなかにあることを数冊の絵本に依拠して考察する。

第7章「市民が創る環境絵本の意義——理念型環境教育と既存型環境教育の融合形」では、環境に関する市民活動の成果物として、環境絵本が制作されるようになったことをとりあげる。そして、その制作過程自体が環境教育的意義を有することを明らかにする。環境絵本は、市民が紡ぎ出す既存型環境教育といえるだけではなく、環境を意識した市民を紡ぎ出す環境教育の営みそのものなのである。それは理念型環境教育と既存型環境教育の融合ともいえることを指摘する。

以上のように、理念型環境教育と既存型環境教育、再生産と社会変革、所有と存在、という三つの二分法が本書を読み解く上での鍵となる。

最後の終章「環境教育というダブルバインドを超えて」では、本書の主張をまとめる。環境教育は、それ自身に関するコミュニケーション的方向性を持つことが求められ、結果的には基礎学力の向上が重要であるといった平凡な結論に落ちつくことになる。

地球環境問題は人類にとっての危機である。しかし、その危機を通ってこそ到達できる新しい地平もある。環境教育も、ある意味では危機的な状況にある。だが、その危機をより深く眺めれば、環境教育と教育の背後に長い間横たわっていた葛藤の原因となるものを浄化し、あるものとは訣別し、ある新しい要素を取り入れて、新たなる地平に到達できる。危機とは、現状への批判でもあり、新しい創造の芽生えなのである。「壁」は危機であるが、これを乗り越えることで、新たなる始まりが生まれることを期待したい。

註

＊1　本書では、学校以外での環境教育については環境学習という用語を用いる。幼稚園、小学校、中学校、高等学校、大学などの学校で行われる環境及び環境問題にかかわる教育については、環境教育という用語を用いる。本書で主として対象とするのは、学校における環境教育である。

＊2　H・E・テノルト、小笠原道雄・坂越正樹監訳、一九九八『教育学における「近代」問題』玉川大学出版部、一四八頁。

＊3　Mollenhauer. K. 1977. *Erziehung und Emanzipation*. 7. Auf. Munchen. s.66-67.

＊4　もっとも、環境の危機は、政治・経済システムなどの社会システムの問題、テクノロジーや科学技術の操作と倫理の問題、宗教や戦争の問題、貧困や差別、人種問題やジェンダーの問題など広範囲にわたる社会問題と複雑に絡み合っている。そのため、環境だけに関する「よりよい教育」を推進するだけでは十分ではない。広い意味で、さまざまな社会問題の解決に多少なりとも貢献できるような教育が必要である。環境教育とは、よりよい社会を構築するという意味では、環境だけの分野にとどまることはできない。

＊5　ただし、「社会批判的環境教育」は近代教育批判を含みながら発展したが、それ以上は発展していない。その理由は、新たな社会構築の方法論が示されず、新しい社会像も不明確であったからである。また、新自由主義的な風潮が蔓延するなかで、徐々にその居場所を失っていったかのように見える。

I

環境教育実践の「壁」に挑むための基礎理論

第1章

環境教育実践を阻む「壁」

1 環境教育の授業実践における「壁」

◉フロンガスのジレンマ授業をめぐって

環境教育の目的は、地球環境問題を根本から解決して、持続可能な社会を構築することである。おそらくは誰もが解決を望んでいる社会問題の解決に貢献するという大義名分があるため、環境教育に対するあからさまな反論はほとんど存在しない。表面上は環境教育の推進力は強いように見える。

それにもかかわらず、学校教育のなかでの拡がりは順調ではない。その重要性が一般に強く認識されているともいいがたい。その理由はいくつか考えられるが、そのひとつに、環境教育の実践を推進する力に比べ、それを阻む「壁」が強固であることがあげられる。そこで、典型的な授業実践をとりあげ、その「壁」を描写することからはじめよう。

学校の授業における環境教育の実践例のひとつに、フロンガスを題材とした授業の事例――「フロンガスのジレンマ授業」――がある。やや古い事例かもしれないが、環境教育の「壁」の存在を示すには格好の事例である。手はじめに、この授業実践を簡単に紹介してみよう。

この小学校六年生を対象とした「フロンガスのジレンマ授業」では、科学的な資料が用いられ、フロンガスの用途、フロンガスのオゾン層への悪影響、オゾン層が破壊された結果、人間が浴びることになる紫外線の害悪などが教えられた。[*1] 授業実践においてポイントとなったのは、ファミコンのソフトに用いられる半導体の洗浄過程で、フロンが洗浄剤として使用されることであり、そうした洗浄剤をまったく抜きにしては、半導体を作ることができないという点であった。

授業中、自由に発言する方式で、今後のフロンの扱いについての意見が子どもたちに求められた。その最初の反応は、「今の生活をやめて地球を守る」「今の生活を続けて地球を滅ぼす」「今の生活を続けて地球を守る」という三つに分かれた。ここでいう「今の生活」とは、豊かで快適で便利な現代社会の消費生活である。

しかし、授業が進行するにつれて、子どもたちは、フロンガスを使えなくなれば、半導体を製造できなくなり、ファミコンの新しいソフトが買えない可能性があると気づく。結局、「生活をもとに戻してフロンを使わない生活にする」という案には誰一人として賛成しない。「今の生活」はやめられないというわけである。

それどころか、「今の生活」を守り抜くために、子どもたちは、「フロンの代替物を作る」「オゾン層を作る技術を開発する」「紫外線のあたらない傘を作る」といった妙案を次々と出す。そうした意見の背後には、どんな問題が生じても、将来的にはいつか新たな技術が開発されて、どんな難問も解決するといった科学技術的楽観主義とでもいうべき思考法が見え隠れする。

この授業の実践者は、子どもたちが「理想主義者であってファミコンで遊ぶのを我慢する」[*2]と答えることを期待していたと告白している。教師の隠された素朴なメッセージは「ファミコンで遊ぶのを我慢しましょう。そうすればオゾン層の破壊が食い止められます」というところにあった。きっと「今の生活」をやめてでも地球を守ってほしいという願いがあったはずである。

それゆえに、前述のような子どもたちの反応に対して、教師は、フロンガスの代替物の危険予知が不可能であることを引き合いに出し、科学技術は万能ではないことを知らせようとする。「今の生活を続けて地球を守る」ことができないことを再び訴える。それでもなお、子どもたちは教師の期待を裏切る。授業の最後に「今の生活」を続けて「なるようになる」ことを望んだのである。

この授業では、子どもたちが持っている「ファミコンで遊びたい」という「今の生活」の欲望が「壁」のように立ちはだかり、教師のメッセージに完璧なまでに打ち勝ってしまったのである。

たしかに、フロンガスのオゾン層への影響という事実を子どもたちは学んだ。生活上のジレンマ問題についても教師は的確に教えた。その限りではこの授業は成功した。だが、子どもたちは本質的なモラルジレンマには直面しなかった。仮に、環境教育の目的が環境問題の克服にあると考えるなら、行動の変容を動機づけられなかった以上、この授業は成功とはいえない。モラルジレンマに陥らなかった点では失敗だったといえるだろう。

授業の展開の仕方がまずかったのではないか。そうした疑問は生じるに違いない。では、教師の力量が十分にあれば、こうした失敗にはいたらなかったのか。わたしはそうは考えない。こうした授業実践には環境教育の根深い問題があると考える。

現在の豊かで便利な消費生活を継続したいが、その欲望を差し控えなければ、地球環境は守れないというジレンマが示されている環境教育関連の授業は多い。そのような授業は、いわば、モラルジレンマを主題とした道徳教育ともいえる。だが、教育的に仕組もうとしたジレンマ状況に子どもたちが陥らないという事態は、どの教師の授業でも起こりうる。表面上、モラルジレンマに直面しているかのように見えたとしても、授業が終われば子どもたちは平然と「今の生活」を続けていく。環境教育の教育目的である環境問題の解決という課題の遂行を阻む「壁」が存在するのである。

この授業では、子どもたちに快楽を優先する暮らしかたを反省する観点を持ち込めていなかった。環境教育の教育目的である行動実践を促すこともできなかった。ジレンマ状況にも直面させられなかった。こうした点で「壁」にぶち当たっている。

付け加えるとすれば、子どもたちの日常の消費生活を、根底から環境に配慮したものに変える強力な力を持った授業や教師というものを想定すると、それは逆に、そら恐ろしい事態を予感させる。幸運にも、管見の限りそのような「教育力」を有する実践報告の例は見出しえないとしても。

だが、そのような力を持つことまで想定した理論が検討されていないからこそ、かえって環境教育の理論が極限にまで脆弱になっているともいえるのではないか。環境教育の臨界――現時点の状態から変化を起こして別の状態にいたる境目――を見据えることが大切なのではないだろうか。

影響力が暴力的なまでに肥大化した環境教育というものを、わたしは決して望まない。「教育力」が強すぎる環境教育は望ましくない。それでも、理屈の上だけでも、教育目的の実現を徹底的に優先する核心部の環境教育とはどのようなものであるかを想定できず、しかも、環境教育が環境教育ではなくなってしまう外延部の臨界点も見据えられないからこそ、実際問題として環境教育をどのようなレベルで押しとどめ、どの程度のことまでを期待できるのかが議論できないのである。

◉持続可能な未来像の不在

この授業事例に立ち戻って、環境教育の潜在的な問題点を洗い出してみよう。この授業の「壁」には次のような三つの問題点が隠されている。

環境教育実践における第一の問題は、環境教育において描くべき持続可能な未来像――社会像とそこで暮らす人間像――が、あいまいな点にある。「今の生活」をやめて、別の生活をするという動機づけがうまく与えられないのは、未来像がきちんと抱かれていないからである。だからこそ、「今のままの生活をしたい」けれども「今の生活をやめなければならない」というジレンマ状況に子どもたちを陥れることができない。「今の生活」をやめてまで到達する未来社会が魅力的に見えないのだから、ジレンマに陥らないのは当然ともいえる。

現代社会を生きる子どもたちの日常生活は、ますます豊かで便利で快適なものになりつつある。子どもたちは「今の生活」しか経験していない。個人の幸福とは、所有物の量と質、資産の総量や受け取った快楽の総量であるというような巷間の風潮もある。子どもたちにとって、現代社会の快楽を優先するような生きかたは、ある一面では「常識」となっており、非常に根深いものである。

したがって、「環境を守るために、快適で便利な暮らしをやめましょう」という教育的なスローガンは、子どもたちの心にそっくりそのままの形では届かない。実際に行動実践に移されて環境改善の効果が上がることは期待薄である。子どもたちに対して、すでに受け取っている楽しみを手放し、欲望を満たすのを控えましょうといったメッセージを持ち出しても通用しない。

この授業事例を例にしていえば、ファミコンで遊ぶという楽しみを手放せば、フロンガスによる環境破壊はどうなるのか、ある種の快楽を手放したならば、環境に対してどのような好都合なことが起こるか、どんな価値を実現できるか、どのような社会と人間が生まれるのか。そうした未来像を明確に出できず、保証することもできないからこそ、教師は子どもたちに強力なメッセージを伝えられない。子どもたちもそれに応答できない。

逆にいえば、未来像を見通し、もうひとつの生きかたを暗黙のうちに語ることができれば、環境教育のメッセージは子どもに届く。魅力的で新しい人間としての生きかたと社会のありかたをリアルなものとして学習者に伝達できれば、環境教育は地球環境問題を解決する実践力になる。

もちろん、それは容易なことではない。また、そうした未来像をメッセージとして届けることだけが環境教育の本質的な目的なのではない。だが、少なくとも、持続可能な未来像を示すことができれば、この授業実践で直面すべきジレンマ状況が立ち現れる。その際には、子どもたちもジレンマに陥るのである。ひいては、環境教育の授業における「壁」の克服方法を教師と共に考えることもできる。

肝心なのは、持続可能な未来像である。それは、持続可能性の高い未来社会を科学的実証的に予見した上で見通せる像かもしれないし、過去の持続可能性の高い社会や共同体を振り返れば発掘できるような社会像かもしれない。そうした未来像についての考察は興味をそそられるが、ここでの言及はひとまず差し控えておこう。

ともかく、持続可能な社会像とその社会で生きる人々の人間像を含んだ、魅力ある未来像を明確にしなければ、子どもたちは教師のメッセージを真正面から受け止められないことを指摘しておこう。

◉社会変革の方法が明らかにされていない

第二の問題の所在は、持続可能な未来社会を構築するための方法が明確にされていないところにある。その点について、上述のフロンガスのジレンマの例で説明しよう。

ファミコンで遊ぶという消費行動をひとりひとりが控えたとしても、そうした行動が全体として地球環境の保全につながるかどうかはまったく不確定である。教育やキャンペーンによる消費行動のコントロールは、社会変革の方法として有効かどうかは定かではない。

フロンガスに関する科学的事実を教えることだけで、フロンガスを用いているクーラーや冷蔵庫といった商品の不買行動につながり、それがひいてはオゾン層の破壊を食い止めるという一連の効果への期待は、きわめて危うく楽観的に過ぎる。複雑な経済社会において、消費者の行動が環境に配慮した商品にいわば「貨幣票」を投じているのだから、その「貨幣票」を投じられなかった商品は姿を消すという予測はあてにならない。当然のことながら、環境問題について考え、身近なところから行動するという面は決して否定すべきものではない。環境によくない商品を買わないようにしましょうというメッセージを出すことには意義が認められる。

だが、地球全体のことに配慮して行われた「身近な行動」——たとえばファミコンを買わないという行動——が、人類や環境、地球全体の生態系の利益になるのかどうか。果たして、政府が勧めるような「エコな暮らし」が環境問題の解決に役立つのかどうかはきわめてあいまいである。環境によくない商品を買わず、環境によい商品を買うことや、節電や節水、買い物袋を持参するといった行動や心がけで、持続可能な社会が構築できるとまではいいがたい。

子どもたちがそうしたことまで見抜いていたかどうかはわからない。子どもたちに変革の方法論まで直接に示す必然性もない。しかし、教師の側に、環境教育が筋立てる環境問題解決の方法とシナリオがなければ、希望と勇気を持って、強い意志で教育的な指導ができない。生涯教育の場での環境教育の指導者やワークショップのファシリテーターにもそれは当てはまる。ひとりひとりの心がけや個人の環境配慮型行動だけで、持続可能性の高い社会が、意識的な努力や市民の協力を抜きにして、自然に構築されていくという楽観論は無謀である。

同じように、幼少期からの自然体験が子どもの五感を育て、その結果、自然や動植物に配慮した生活をするという考えかたがある。もちろんそれも重要な環境教育観である。だが、自然体験さえ豊かにすれば、子どもはいつか環境を大切にするだろうという予測はあてにならないだろう。自然体験が豊かであったはずの前世代、あるいは前々世代が環境問題を生み出してきたのだから。

他方、正確な情報を与えてさえおけば、子どもたちは、大人になってから環境に配慮した暮らしをするようになるという考えかたもある。たしかに、正しい情報を与えることは重要である。だが、情報さえ与えれば、子どもたちが行動するという予測もあてにならないだろう。すでに大人だけではなく子どもにも、従来に比べればはるかに多くの情報が与えられたのにもかかわらず、なかなか問題が解決しないのだから。

どうやら、環境教育によって持続可能な社会を構築するという目的を実現するためには、社会変革のための理論と環境教育の基礎的な理論が必要となるのだ。新たな社会の未来像が見通せたとしても、それをどのように現実化するかという方法や計画、具体的な戦略を明確にしなければ、環境教育は環境問題を解決する実践力にはならないのである。

◉教師の立ち位置が問題となる

第三に、環境教育に取り組む教師の立ち位置の問題がある。

「フロンガスのジレンマ」授業では取り上げられていないが、環境教育の授業実践で頻繁に問題にされるのは、「先生は環境問題に配慮しなさいとおっしゃるが、では、先生ご自身はどうなのですか？」という問いである。つまり、教師の立ち位置（スタンス）が問われるのである。

この授業事例をもう一度持ち出してみよう。教師自身がファミコン——あるいは、その他のコンピュータ関連のゲーム機器など——で遊んでいるとしよう。そして、それをいいことであり楽しいことであると考えているとする。その場合、当の教師が子どもたちにはファミコンで遊ばないようにという指導をすることは容易ではない。

ゲーム機は極端な例かもしれない。だが、教師たちの大部分がパソコンを使っている。パソコンの製造過程でも、半導体の洗浄剤としてフロンが使われている。仮に、フロンガスを洗浄剤として用いて作られる製品を買わないように指導し、それを自分自身にも適用するとなれば、教師たちの大部分がパソコンも使えないことになる。

もうひとつ例をあげておこう。教師たちの大半は、日常生活で自動車を所有し使用している。こうした状況で、自動車の社会的費用と環境への負担が高いことを訴え、環境悪化の原因になるという理由で、自動車を買わないように勧める授業を展開することはできるだろうか。おそらくなかなかできないだろう。教師自身が、無反省に自動車に乗りながら、大気汚染や公害問題について授業で論じる際には、厄介な問題をはらむことになる。

環境教育を実践する教師の多くは、自らも現実の世界で快楽的で便利な暮らしをしている。そのため環境教育の教育的価値の体現者として、子どもの前に立てないというジレンマ状況に立たされる。教師たちも「フロンガスのジレンマ」のなかにいて、「今の生活」はやめられないのである。

教科教育の教師ならこうした問題はそれほど深刻ではない。たとえば、英語の教師であれば、英会話や英語の読み書きなどの英語の運用能力がある人間として、つまりはその価値の実現者として子どもたちの前に立ち、自信を持って教科指導にあたることができる。

教師が、ある種の能力や態度を身につけた人間が魅力のある人間像であると考え、自分自身がそれを体現して子どもの前に立てれば、教師は権威（authority）を発揮して指導できる。逆に、体現できていない場合には、指導に自信を失う。仮に、自らが選択し体現する価値の内実と学習者に望む価値とが矛盾していれば、心理的葛藤を抱え込む。先ほどの例をあげていえば、英語をしっかりと身につけていない英語教師は（もちろん、そんな教師はめったにいないが）、英語の指導に自信をなくする。「英語を身につけろ」というメッセージを子どもたちに出すこともためらわれる。

数学や国語、社会や理科、体育や家庭科なども同様である。その教科に応じたある種の知識や技術、態度が備わっていて、そのことができるからこそ、自分ができることを子どもたちにやってみせて、子どもたちにもそれをさせることができる。ある種のことができるからこそ子どもたちはその教師を尊敬し、指導に従う。それが環境教育の場合には難しいのである。教師自らが地球環境問題という問題状況の内にある存在であり、自分自身の立ち位置に自信が持てない点に、もうひとつの環境教育の「壁」がある。

この授業事例で明らかになったように、以上の三つの課題、すなわち、持続可能な社会像の不在、変革の方法論の不備、教師のスタンス問題が授業における「壁」となって環境教育を熱心に推進しようとする教師の前に立ちはだかっているのである。本書の全体を通じてそうした課題の解決方法を述べていきたい。

2 学校という「壁」

◉環境教育の動向と課題

本章では、唐突に「フロンガスのジレンマ」の「壁」を描写することからはじめた。これは典型的な環境教育の授業ではない。授業者の授業展開に問題があった特殊な例で、普遍的ではないという反論があるだろう。そこで、ひとまずこの授業実践からは離れて、環境教育についての一般的な見方を確認してみよう。

昨今の地球環境問題は焦眉の現代的課題である。教師がこの課題に真摯に応答するとすれば、問題解決を念頭において、現実的かつ主体的な教育行為である授業を充実させるほかない。地球環境問題という課題を正面から引き受けるということは、一九七〇年代以前にはほとんどといっていいほど取り組まれていなかった環境教育という教育実践の一領域を現在の学校教育に付け加え、それをひとつひとつの授業のなかで充実させることである。逆に、地球環境問題を引き起こす原因となった要素を地道な作業でひとつひとつ学校から取り除くことでもある。

ここ二、三〇年の間に、世界的規模で、学校教育をはじめとしてさまざまな教育の分野に環境教育という課題が割り当てられた。日本においては、一九九一年の『環境教育指導資料[*3]』の作成によって、環境教育が学校教育のなかに持ち込まれ、環境教育の普及のきっかけとなった。以後、一九九三年の環境基本法の第二五条及び第二六、二七条を受け、法的にも環境教育の必要性が明確に認められた。二〇〇二年の「総合的な学習の時間」の導入に際しては、いわゆる四本の柱のひとつとして、国際や情報、福祉と並んで、環境が総合的な学習の時間の柱になった。学校教育の社会的使命として、環境教育は重要な課題のひとつであると見なされるようになりつつある。

環境教育の導入で学校にも少なからず変化が見られる。学校主導型のリサイクル運動が活性化したり、地域の清掃活動が活発になったりしている。環境のための行動を学習活動に組み入れている学校も多い。野外教育や校外学習で自然体験型の環境教育も活発になっている。さまざまな自然体験的な環境教育プログラムが実践されつつある。総合的な学習の時間での環境教育の取り扱いも多い。

従来の教科教育にもいくつかの変化の兆しが見える。なかでも、地球環境問題の原因を科学的に理解するために、主として理科教育の分野で環境科学に重点をおいた教育が実践され始めた。環境問題発生の社会的・経済的要因に関しては、従来この分野をリードしていた公害教育を活用して、もっぱら社会科によって扱われ始めている。家庭科や生活科などでも環境教育が行われており、英語や国語の教材のなかにも環境問題と関連のある題材が取り込まれている。道徳教育と特別活動においても、環境教育に関連のある実践例が多数報告されている。環境教育を意識した教育実践は数多く、その変化も速い。

こうした動向は、豊かな自然体験を重ねることで感性を磨き、教科教育で環境問題発生のメカニズムを多面的に学習し、最終的には生きかたの問題として道徳教育と結び付けるという領域の分担であるとまとめられる。環境教育は、「環境のなかでの教育」「環境についての教育」「環境のための教育」と分類されるが、こうした分野のなかにバランスよく収まるかのように学校では環境教育実践が繰り広げられている。

実際に、個々の教師たちの環境教育に取り組む努力は、従来に比べてはかりしれないものがある。そうした努力は、一定の成果を上げており、以前よりは環境に配慮した暮らしについて子どもたちが考えるような契機が増加している。

だが、環境のためによいとされていること、たとえば、リサイクルを手伝ったり、家庭でのエネルギー消費を削減したり、ごみの分別をしたりするようなことを学校で勧め、実際に行動できたとしても、環境の悪化を食い止める原動力になっているのだろうか。仮に、多少の原動力になっているとしても、実際上の効果はきわめて薄いのではないだろうか。そうした疑問は払拭できない。

自然体験を重ねることも、環境や環境問題について知識を得ることも同様である。以前よりもそうした活動が増加し、授業の質も向上した。たしかに、学校教育には環境問題の解決を求めようとする社会的使命は割り当てられてはいる。取り組みもなされている。しかしながら、前述したような「壁」に直面していることが理解されてはいないように思われる。まずは、こうした根源的な問いを共有することが大切であると考える。

◉環境教育実践に取り組めない教師の「壁」

では、視点をかえて、環境教育に熱心に取り組む一部の教師の問題ではなく、現実的な教師たちの環境教育の取り組みについて考えてみよう。なぜ、環境教育は、より多くの教師たちに急速に、かつ、熱狂的に支持されないのか。おそらく必要性と重要性は理性的に認識できるはずなのに、進展しないのはなぜなのか。

環境教育の実践を進める教師が「壁」に突き当たる例は前述したとおりだが、意欲的に環境教育に取り組もうとしない教師にとって、なにが環境教育実践へと向かう意欲の「壁」になって立ちはだかっているのか。本題とする「壁」を取り上げる前に、教師たちが環境教育実践にたどりつくのを阻む「壁」について概観しておこう。

ここで手がかりとするのは、オーストラリアの環境教育学者のフィエン（John Fien）の研究[*4]、アメリカでの調査研究[*5]、および「環境教育の障壁を減らすことを目指したワークショップ[*6]」である。これらの先行研究を踏まえれば、環境教育を実践しようとする意欲を阻むのは次の四つの「壁」、すなわち、①「概念的な壁」（Conceptual Barriers）、②「後方支援の壁」（Logistical Barriers）、③「教育的な壁」（Educational Barriers）、④「態度的な壁」（Attitudinal Barriers）である。これらの「壁」を順に見ていくことにしよう。

まず、「概念的な壁」とは、環境教育の範囲と内容についての共通認識が不足していることを指す。すなわち、環境教育の概念と理念に関する誤解があるために広がりが欠如しているというものである。この「壁」が問題となるのは、わざわざ環境教育といわなくても、もうすでに実践しているという認識につながり、それに満足してしまうばかりか、教師が環境教育は環境問題への気づきの範囲にとどまる教育にすぎないと見なしてしまう点である。実際には、環境教育には社会問題を解決し社会変革をするという魅力があるはずなのだが、そうした魅力が見えてこないことが問題となる。

次に、「後方支援的な壁」とは、時間と資金が不足しており、学級規模が適切でないことなどをいう。バックアップがないという問題である。かつては、環境教育が社会的に認知されていなかったり、環境教育を推進しようとすることに合意が得られなかったり、援助がなかったりするという事情もあった。だが、最近では、いちいち取り上げないが日本では多くの手引書や指導書、マニュアルやプランが掲載された書物などが出版されている。教育行政のバックアップもあり、もはやこの指摘はあたらない。意欲がありさえすれば、環境教育実践に取り組める環境は整っている。少なくとも、現代の日本においてはこうした「後方支援的な壁」についてはすでに大部分が乗り越えられているように思われる。また、完全には乗り越えられていないとしても、現職研修などを通じて徐々に乗り越えていけるだろう。

第三の「教育的な壁」とは、環境教育プログラムを作り出していく生産的な能力が教師に不足していることを指す。ある学問分野に必要な基礎知識を持たない教師は、その教科を担当するのに必要な興味や関心を欠いていると考える傾向があるために、引っ込み思案になる傾向があるというものである。もっとも問題なのは、環境教育を実践するには自然科学のバックグラウンドが必要であるという認識があらゆるところで見うけられることであるという。とくに、非自然科学出身者の教師にとっては、環境教育の知識や自然科学に関する知識の不足が決定的な「壁」となっている。

しかし、環境や環境問題に関する知識を教えるという認識ではなく、ワークショップのファシリテーターとしてのスタンスであれば、こうした「教育的な壁」は乗り越えられるように考えられる。環境教育は自然科学分野に関する教師だけの担当科目ではなく、さまざまな教科教育で可能である。昨今では、そのことについても一定の理解が得られている。これも乗り越えが可能な「壁」であろう。

最後に、「態度的な壁」とは、「教育的な壁」とよく似ているが教師が自分自身に力量を感じることがなく、単に自分が専門としている授業やその他の業務を消化していくだけの存在で、新しい取り組みや確立されていない授業内容にはかかわらないような消極的な職務のありかたを選択してしまうことである。教師としての力を過小評価して、受動的になってしまうことである。ただし、これは環境教育に限った「壁」ではない。教師たちを誰がどのように励まし続けるか。そこには教師たちの教育目的観と使命感をどのように方向づけるかという今日的な大きな問題が隠されている。

「概念的な壁」を乗り越えるためには、環境教育に対する認識を改めなければなるまい。それには時間がかかるだろう。また、「教育的な壁」と「態度的な壁」を乗り越えるには、環境教育に直接かかわる分野の専門の出身でなくても、環境教育に関与できるということを示さなくてはならない。むしろ無関心でいることで、環境問題の解決を阻んでおり、環境教育を推進する上での障害になっていることを自覚するように促すべきであろう。逆にいえば、教師たちに、積極的に自分自身の教育者としての力量を向上させれば、人間形成と社会の構築に関与することができるということを知らせる必要がある。

以上のような四つの「壁」は、教育現場に身をおく教師たちにとって、環境教育実践に取り組もうとする際の現実的な「壁」ではある。しかしながら、環境教育の必要性と魅力を感じ、それに取り組もうとしている教師にとって、最初に立ちはだかる大きな「壁」は、むしろ学校の多忙さという「壁」である。これを第五の「多忙さの壁」とでも名づけておこう。これは、過去の先行研究では取り上げられてはいないが、日本では最も高い「壁」であるように思われる。この「多忙さの壁」が、上述の四つの「壁」よりも強固なものとして立ちはだかっており、四つの「壁」を乗り越えることをより困難にしているのである。

◉「多忙さの壁」の原点を再考する

学校の教師は、授業だけではなく膨大な日常の業務に追われ続けている。そのため、環境教育という準備に時間のかかる授業実践にはなかなか取り組めない。いざ、環境教育に取り組もうとしても、その教育理念や目的を理解することからはじまり、指導計画や指導案の作成、教材の選定や新たな作成などまで、他の授業実践に比べてかなりの労力がかかるからである。考える時間と余裕がなくなっているような状況が大きな「多忙さの壁」となって、乗り越えられそうな「壁」さえ乗り越えられないのではないか。あまりに膨大な業務のなかで、教師たちが無力感を感じていることが問題である。

では、いったい、教師が意欲的に環境教育に取り組めないほど多忙になり、疲れはててしまうのはなぜか。学校というシステムのなかで、何を目指すことで多忙になっているのか。「多忙さの壁」の原因とは何か。そういったことを立ち止まって考えるべきではないか。そこで、前述のように、環境教育実践にいたった後の「壁」についてはさておくとして、実践にいたるまでの「壁」——すなわち、学校では環境教育どころではないという状況——についてもう少し考えてみよう。

環境教育を学校で行おうとしても、現実的には環境教育どころではないという状況がある。それに触れずに学校における環境教育を語ることはできない。学校には、多くの問題が渦巻いているが、それは環境教育のありかたと間接的ではあるにしても関係があるように思われる。

環境教育というテーマ設定からはずいぶんと離れることになるように感じられるかもしれないが、大切な問題を含んでいるので、ひとまず現在の学校教育の問題を考察してみよう。

さて現在、多くの問題を抱える学校だが、その歴史的原因の一部を、導入期に遡ってみることができる。

日本の教育制度は、江戸時代までの伝統的な教育のありかたを根本的に変革した一八七二年の学制に端を発する。後に内容・制度ともに教育制度は改変されるが、学制は日本的な近代学校公教育システムの最初の土台である。以後おおよそ一三〇年にわたって、学校は教育を担う場として大きな役割を果たしてきた。その学制の理念が書かれた「被仰出書」の序文には、「学問は身を立つるの財本」であるといった立身出世主義的な見解が示されている。日本においては、出発地点では、学校教育は、個人主義的発想で、経済的地位を向上させる道具と見なされていたといえよう。

近代国家としての日本の根本的な教育理念を示すために、一八九〇年（明治二三年）には、「教育ニ関スル勅語（教育勅語）」が出された。そこでは、天皇制国家のなかで、日本独自の「国体」に「教育の淵源」を求めるという全体主義的な方針が示され、国民の守るべき道徳的徳目が明確に掲げられた。第二次大戦終戦まで、この超法規的な勅語が天皇制と儒教的な徳育教育を強化することになった。

同時に、産業界の人材育成の要求にも戦前の学校は応えていくことになった。学校は、国民国家を維持し発展させるために優秀な官僚と軍人を養成する機能を有し、かつ、産業化と近代化に必要な高度な諸能力を有する国家に有為な人材を育成する機能を有していた。結果的には、そうした有為な人材を選抜し配分する機能も学校に求められた。

つまり、かつて学校は、個人にとっては経済的な上昇移動を果たすための道具であった。子どもたちは、高い学力をつけ、いい大学を出て、豊かな生活ができると信じていた。それに手を貸すことで、学校の教師たちは多忙になっていたのではないだろうか。

他方で、学校は、資本主義システムの維持に有為な人材の供給装置でもあった。高い学力を有する学生を労働者として産業界に供給することで、産業社会の安定化装置としても機能していた。この意味でも、教師たちは多忙になった。

もちろん、その二つの理由だけで教師たちが現在のように多忙になったと主張しているわけではない。それ以外にも、たとえば、従来は家庭や地域で担っていた教育やしつけなどがどんどん学校の仕事となったこともあるだろう。それでも、教師たちは自分たちの多忙さの根本原因を再考してみる必要があるのではないだろうか。

◉学校教育は社会的再生産装置であった

一九四七年（昭和二二年）には、戦後教育のおおよその方針を定める（旧）教育基本法が制定された。その第一条「教育の目的」では、「人格の完成」が強調され、国家及び社会の形成者として、既存の社会に適応するという意味での「社会化」、そして、自分らしい価値を発見するという意味での「個性化」が重視された。それを受けて、旧来の勅令主義が改められ、憲法—教育基本法体制のもとで、教育制度と教育組織、教育内容の民主化が行われた。同時に、徐々に日本経済も企業活動を中心とした本格的な資本主義経済へと移行した。そのなかで学校教育に対する見方も変容していくことになる。

民主化が進み、学校に対する見方も変化したように考えられるとはいえ、条文に定められた「人格の完成」という抽象的で曖昧な教育目的よりも、資本主義社会のなかで、学校教育の個人主義的な意味での実用性と利用価値が重んじられることになった。

しかも、巷間では、教育の目的は、できる限り豊かで便利で快楽的な暮らしをするためというところにおかれた。先に見たように、学校教育の成立以来、「よい教育を受ければ、その後によい暮らしが保証される」という「信仰」があった。一九六〇年代から八〇年代にかけての高度成長期やバブル期には、「受験地獄」「学歴社会」がさかんに教育問題として指摘されたが、それは学校教育が上昇的な社会的階層移動の契機であるという認識があることを裏づけるものであった。

現在でも、社会現象としての「お受験」や六年一貫の有名中学受験、やや沈静化しつつあるとしてもいまだ熾烈な一部の大学への「受験戦争」がある。子どもや保護者の間では、「いい成績」を修め「いい学校」を卒業して、「いい会社」へ就職し、「いい生活」ができるという巷間の「世俗的な学校教育観」は、いまだに根強く存在している。「いい学校」さえ出れば、階層間の上昇移動が可能で「いい生活」ができるという「信仰」がある。

ところが、この「信仰」を裏切るかのように、昨今では、近代学校公教育システムには、階級や階層などの社会的諸関係や文化、習慣を再生産する機能があることが明らかになった。学校は階層移動をそれほど容易にする機能を持ちえないという。学校の教育内容が実用性を持たなくなり、学歴が通用しなくなれば、学校の価値と教師の権威が引きずりおろされることになる。

その上、バブル景気の崩壊や長引く経済不況で、いい会社が必ずしも永久に安全な場所ではないことが明らかになった。いい会社に対するあこがれは、昔に比べればそれほど強くないのかもしれない。さらに、地球環境問題の出現によって、豊かで便利で「いい暮らし」が継続不能であるとなれば、子どもたちは「いい暮らし」にもあこがれなくなるのではないか。

そうなれば、学校で「よい成績」を収めることや、「よい大学」を卒業すること、「よい子」でいることの意味が失われる。「いい生活」もできなくなり、それに魅力も感じられないとなれば、ますます学校への信頼は揺らぐ。学校自体への信頼と学校で教えられることへの信頼が揺らいでいるなかでは、環境教育の実践に対する信頼も揺らぐ。

なるほど、「いい成績」をとることや「いい学校」にいくことが、後の安定した豊かな消費生活の道具とするためという見方があるとしたら、それはそれで大きな問題である。しかし、学校で「いい成績」をとって「いい学校」を卒業しても、「いい生活」ができるとは限らず、学校で学ぶ内容に実用的な価値もさほどないと子どもや親が受け止めると、もっと大きな問題が生じる。学校には経済階層の上昇を保証する道具的価値すらないと見ることは、さらに問題を深刻にするばかりか複雑にする。

そのような状況の学校のなかで、環境教育を実践するとなれば、二重の意味において困難を極める。ひとつは、環境教育は現在の学校の価値観と違う価値観を唱えようとしているという点において、第二に、環境教育を実践する器である学校そのものへの信頼が薄らいでいるという点においてである。

学校教育の道具化が進むなか、その道具的価値を軽視するという逆説的な状況のなかで、環境教育が首尾よく進められるには大きな「壁」がある。学校は環境教育どころではなくそれ以前の機能不全ともいうべき状況にあるからだ。学校での環境教育を推進するためには、学校のはらむ問題を先に解決すべきだということになる。これもまた環境教育の「壁」をより強固にする。

3 環境教育というラベルの「壁」

◉環境教育は警告を発することはできても処方箋とはなりえない？

では、本題に戻って、環境教育が、その名称を「環境」に関する教育という表示から、「持続可能性」に関する教育であるといったように変えるように迫られているということ、つまり、ラベルを貼り替える必要に迫られているという状況に言及してみよう。これも環境教育それ自体が直面している巨大な「壁」である。

多くの学問が、環境問題に関連する警告を強く発するようになりつつある。過去の状況と比較して現在の状態がどのほど危険かを示す環境悪化の現状に関するレポートや、このまま環境破壊が進むと何年後にはどれほど恐ろしい状態になるのかを示す未来予測がある。それらは、科学的実証的に証明されたというべき事実であり、それを人々に突きつけることで警告が発せられている。

他方、問題解決の処方箋を出す学問分野もおびただしい。だが、地球環境問題を解決する処方箋そのものにも多くの付随的な問いが生じる。あらたな技術で問題の克服を目指そうとする科学技術分野の発展は著しく、さらなる進歩への期待も大きい。しかし、その運用には注意が払われるべきで、これまでになかった倫理的課題が生じている。また、社会科学分野においても、政治経済システムをはじめ、さまざまな社会システムの変革の可能性が模索され、環境に配慮した社会システムが構築されつつある。だが、どのようなシステムが最も環境との関係を正常化するのか。そうしたシステムに移行するための手続きとはどのようなものか。それも新たな問題となる。

さらに、人文科学分野においても、環境哲学や環境倫理学の進展には目を見張るばかりである。だが、ひとりひとりが環境に配慮した暮らしをするなかでの自己のありかたや存在の豊かさについては、多くの問題が残されている。処方箋は、自然科学・社会科学・人文科学の三分野にまたがる広大な領域から出されてはいるが、即座に根本的な解決につながるようなものについてはまだまだ議論の余地がある。

教育学、とりわけ環境教育においてはどうだろうか。

おそらく、警告を与えるという役割は十分に果たしている。教育実践において、環境問題と関連学問の分野の警告を正面から受け止め、もっぱら環境破壊の事実を子どもたちに教えることで警告を発するようになったからである。

他方、環境に配慮した行動をとるように促したり、持続可能な理想的な社会環境を創造することを目指したりするなど、教育学は処方箋を提供しようともしている。警告を発すると同時に処方箋になろうとするところに環境教育の特徴がある。だが、その実、その処方箋としての信頼を欠くかもしれない。処方箋にしたがって出されたク、ス、リ、に効果があるかどうかがわからないからである。

環境教育は、国際政治の場で出された環境問題という病《やまい》に対する処方箋であった。「よりよい環境を実現しようとする教育」の構想が環境教育だったのである。その役割は、環境問題に関する警告を出し、処方箋を示し、実効性のあるクスリとなることにある。しかしながら、子どもたちに対して、警告を発して処方箋を示すことはできても、実際に環境問題に効くクスリになるには大きな「壁」が立ちはだかっている。

◉環境教育というラベルの貼り替えを要求される事態に

かつてより、教育はあらゆる社会問題の「万能薬（panasera）」として期待されてきた。それゆえ、なんらかの社会問題が生じた場合、必ずといっていいほどその社会問題を解決するための教育の必要性が説かれはじめる。「○○問題が○○教育を産む」と定式化できるほどだろう。社会問題の解決を教育目的とした「○○教育」は多い。その背後には必ずといっていいほど実効性のあるクスリとしての大きな期待がある。そうした期待が反映され、地球環境問題を解決する教育目的を有する環境教育が一九七〇年頃に登場したが、その実効性が疑われつつある。

たとえば、一九九七年にはテサロニキ会議で、それまでの環境教育の試みによって実効性が上がっていないとされ、環境教育を「持続可能性のための教育（Education for Sustainability: EfS）」としてもよいとされた。近年では、持続可能な開発の実現に必要不可欠な教育の取り組みとその国際協力を推進する「国連持続可能な開発のための教育の一〇年」（二〇〇五〜二〇一四年）に刺激を受け、「持続可能な開発のための教育（Education for Sustainable Development: ESD）」が脚光を浴びている。一見すれば、環境教育が進化して、そうした取り組みが行われているように思われるかもしれない。だが、見方を変えれば、環境教育をＥｆＳやＥＳＤといいかえているのは、環境教育というラベルが消失しつつある現象でもある。

では、なぜ、そのようなラベルの貼り替えが進むのか。

その理由のひとつは、環境教育というラベルのもとではなかなか問題解決への実効性が上がらなかったからである。環境教育は、環境に関する慎み深い教育となり、持続可能な社会を構築するという情熱が入り込まなかったからであるともいえる。こうした教育目的を遂行しようとする教育は、問題の解決に対して実効性のあるクスリにならなければ、その存在意義を失う。環境教育という名称ではその冠の「環境」があいまいで、何を実現するのか明確ではないから、「持続可能性」という冠を加えて、もっと情熱的に教育によって持続可能性問題を解決しようとしたのである。だからこそラベルが貼り替えられるようになったのである。

たしかに、地球環境問題の発生とともに成立してきた環境教育は、その黎明期にはアメリカ環境教育法（一九七〇年）にあるように、「人間と環境とのかかわりの理解に関する教育過程」であるとされていた。出発点はこうした「環境の理解」の教育であった。警告の役割が期待されていたにすぎない。

その後、ストックホルム国際連合人間環境会議（一九七二年）以降、ベオグラード憲章（一九七五年）でもトビリシ宣言（一九七七年）でも、「人間と自然、人と人との関係を含む、すべての生態学的諸関係を改善すること」が環境教育の目的であるとされた。日本でも、環境教育は「より良い環境の創造活動に主体的に参加し環境への責任ある行動がとれる態度を育成する」[*7]教育であると定義された。環境教育の成立後、急速に人間の意識や行動、社会の変化を促す側面が付け加えられ、環境教育には結果として行動を変容させるというクスリとしての側面が求められたのである。それにもかかわらず、そのクスリとしての効き目が不十分だったということであろう。

このように、理念先行型の環境教育——問題解決を目指す目的遂行型の教育——は、一般的に結果としての行動変容が求められる。効果が上がっていないと判断されると、不要であると考えられてしまいかねない。存在意義を問われかねないことになる。こうした意味で、環境教育はラベルの「壁」にも直面している。

◉環境教育の教育目的にかける情熱の「壁」を認識する必要がある

教育の前提は教育目標となる共通の理想の存在である。だが、現代社会は価値多元化社会になり、価値についての合意や信念の確かさを見出せなくなった。それが教育の困難さを浮き彫りにするひとつの原因でもある。逆にいえば、環境教育においては、共通の理想や教育目的を実現する教育的価値、たとえば、持続可能性概念などが明確にされれば「壁」に突き当たらずに進むということになる。それゆえに、持続可能性という概念は魅力的である。しかし、その内容についてはまだまだ議論があり、即座に教育的価値論として教育現場で生かせるような概念ではない。

だが、少なくとも、現代社会は、根源的価値が複数存在する真の価値多元化社会ではないという見方ができる。むしろ、人生の価値は受け取った快楽の総量で決まるというお手軽な快楽的価値が中心にあり、その表層部のみで多様化しているかのように見える社会、すなわち「快楽的価値の多様化時代」というべき時代にすぎない。こうした「快楽的価値多様化時代」の価値観に対抗できるような環境教育の教育的価値論が不在であるからこそ「壁」を克服できない。

環境教育は環境に関する教育である。教育である以上、価値志向性が必要である。ある種の価値志向性のもとに、教師は学習内容を通じて、学習者に現にある状態から、本来あるべき状態へと向かうように働きかける。あらゆる教育的努力は、「存在すべきもの（das Seinsollende）」を実現することを目指している。[*8] その際、すでに「存在するもの（das Seiende）」を観察して、教師は教育的価値の観点から自分自身がどのような価値を保有し体現しているかを反省的に問い直し、学習者に対して、人間形成の方向性を問わざるをえない存在である。

とくに、学校における環境教育は、意図的・計画的な教育の一部である。したがって、明確に当該の教育の方向性が認識されなければならない。教育はすべて価値に方向づけられており、教師の価値への信頼なくしては成立しない。その信頼に基づいて、学習者を「よく」しようと導くことが教育である。環境教育実践においても、学習者の成長と発達、人間形成、人格形成等の諸活動に対して、教師の側が「よい」という判断を導き出す根拠が必要となる。

教師は、教育的指導を行う際、学習者に「よい」と判断する根拠である「価値」や教育目的が明確にできてはじめて、その教育の存在意義を認識する。教師は、たとえ無意識的であっても、こうした「価値」に照らして、ある行動の「善悪」を判断し、学習者と教育的にかかわりあっている。教育行為は無意図的、無意識的であったとしても、教師の「価値」への信頼なくしては成立しない。それにもかかわらず、環境教育における教育的価値論が明確にされていないことが大きな「壁」になっている。このことが現在の環境教育においてそれほど認識されていないのではないか。

環境教育における教育的な価値論を明確にするためには、将来の「よりよい環境」とはどのような内実を有するものなのか、どのようにしてそれを実現するのかといった議論が不可欠である。まずは、それを論じるプロセスが大切であろう。現代の環境教育に関する理論はこうした視点が欠けているのではないだろうか。だからこそ、環境教育の実践での「壁」については、これまである程度は認識されてきたが、その背後に環境教育における理論的な「壁」もあることについて論じられてこなかったのではないか。その点についても留意しなくてはなるまい。

環境教育の教育目的や教育的価値論を明確にしても、それを真剣に実現しようとするかどうかという点において、最後に、さらなる「壁」がある。それは、文化的社会的な再生産装置としての学校をあくまでも守り抜こうとする陣営に対して、ホンキで立ち向かえるかという問題である。

学校教育システムは、産業社会システムのサブシステムとして、メインのシステムを再生産する役割を果たしている。現代の学校教育における環境教育は環境問題解決にはなかなか直結しないことを指摘して、現在の社会的経済的構造を覆すような進歩主義的な環境教育を構想すれば、現在の体制を守り抜こうとする保守派からは非難される。そのような批判に耐えなければならない。

教育目的論を論じる際、目的それ自身が問題ではなく、その目的遂行に賭ける姿勢や態度が問題であると指摘される。[*9] つまり、目的が単なる美辞麗句を掲げた官僚的な「作文」である限り、――つまり、ホンキではない限り――教師の中途半端な姿勢は社会的認知を受けない。形式的な「作文」としての教育目的だけではなく、環境教育の教育目的である環境問題の解決に強い決意をもって望もうとする教師の態度が求められる。

目的実現にむけての個々の教師の態度がホンキでなければ、教育目的論は「絵に描いた餅」となる。環境教育というラベルも消失しかねない。それゆえに、教育目的の根拠を問いつつ、教師への後方支援を行わなくてはなるまい。そのためには、「壁」を認識し、希望と勇気を持って、その克服の方法について共通の話題にすることが不可欠なのである。

本章では、大きく分けて三つの壁を描き出した。

まず、熱心に環境教育に取り組む教師たちの「壁」、次に、学校という再生産装置の「壁」、さらに、環境教育というラベルの「壁」を描き出した。まずはこうした「壁」を自覚することが大切である。

註

*1 ネットワーク編集委員会、一九九二『環境教育・授業記録集一』学事出版、三—二八頁。この書のほかに、深澤久・羽島悟、一九九二『環境の授業』明治図書、を参照した。

*2 ネットワーク編集委員会、前掲書。

*3 文部省、一九九一『環境教育指導資料（中学校・高等学校編）』大蔵省印刷局。

*4 ジョン・フィエン、石川聡子・石川寿敏・塩川哲雄・原子栄一郎・渡辺智暁訳、二〇〇一『環境のための教育——批判的カリキュラム理論と環境教育』東信堂（Fien, J. 1993. *Education for the Environment: Critical Curriculum Theorising and Environmental Education*. Deakin University）。

*5 Ham, S.H., Sewing, D.R., 1987-88. Barriers to Environmental Education. *Journal of Environmental Education* 19(2): 17-24. 実施時期が一九八七年秋であり、かなり以前ではあるが、日本の環境教育の現状を見とおすためにも有効な内容を多く含んでいる。

*6 この「壁」については、今村光章・塩川哲雄、二〇〇五「『持続可能性に向けての教育』を阻む障壁をのり越えるために——概念的障壁・後方支援的障壁・教育的障壁・態度的障壁」今村光章編『持続可能性に向けての環境教育』昭和堂、を参照されたい。また「壁」という用語は、塩川哲雄が用いた用語であり、それに刺激を受けたことも付記しておく。

*7 文部省、前掲書。

＊8　テオドール・リット、小笠原道雄訳、一九九六（原著一九六九）『技術的思考と人間陶冶』玉川大学出版部、一〇—一四頁。

＊9　沼田裕之、一九九五『教育目的の比較文化的考察』玉川大学出版部、一二—一六頁。なお、教育的価値論については、田浦武雄、一九六七『教育的価値論』福村出版、及び、増渕幸男、一九九四『教育的価値論の研究』玉川大学出版部を参考にした。

第2章

ダブルバインドという環境教育の「壁」

1 再生産と社会変革という矛盾する機能を求められた環境教育

●学校の社会的機能のダブルバインド――再生産装置か社会変革装置か

本章の課題は、環境教育の「壁」を「ダブルバインド（double bind）」という用語で捉え直し、その状況からの回避方法を模索することによって、環境教育の直面している課題を浮き彫りにすることである。

まず、矛盾やパラドックス、隘路やアポリア（行き場のないこと）、ダブルスタンダードや二重結果（double effect）といった環境教育の「壁」を、総じてダブルバインド（二重拘束）という用語で再認識する。次いで、それを回避する方法を模索することで、環境教育が取り組むべき今後の課題を明確にしたい。

最初にダブルバインドについて説明しておこう。

ダブルバインドとは、矛盾する二つの命令に従えず、行動不能に陥る状況である。ある人が、自分と濃密な人間関係にある人物から、「Aしなさい」という言語的な直接的なメッセージを受けつつも、「Aしてはならない」という（多くの場合）非言語的で間接的なメタ・メッセージを繰り返して受け取るとき、Aという行動について判断することも行動することもできず、精神を病んでしまうということで知られる。言葉ではある行為の許可をしながら、表情や身体技法でその行為を禁止しているという場合のみならず、「私の命令に従うな」といった論理的矛盾を含む言語的命令も同様である。本来、人間の心理的な状態を指し示す用語であるが、この用語が環境教育にもぴったりと当てはまるように考えられる。ダブルバインドをそのようにごく簡単に理解しておいて先に進もう。

本章では、アメリカの環境教育学者であるバワーズの議論を手がかりにする。彼は、近代学校教育システムは、社会的再生産装置として、環境問題を生み出した母体となる産業社会とその文化や価値観を再現する役割を持っていると指摘する。[*1] このことについて確認してみよう。

もっぱら教育社会学者らの業績により、近代学校教育システムには、階級や階層等の社会的諸関係や文化、習慣を再生産する機能があることが明らかになった。学校文化と学校カリキュラムが、階級、人種、性などの偏りをどれほど再生産してきたかについて例証する研究もある。また、国家は学校教育を通じて、一方で労働者に対して技術の再生産を行い、他方では、消費者に対して文化とライフスタイルの再生産を行っていると指摘している研究もある。[*2] 平たくいえば、学校教育は、現在の社会をそのまま丸ごと再現する機能を持っているというのが再生産論である。

しかしながら、社会問題の解決を教育目的とする社会問題解決型の教育はその問題を解決し、社会を変革することを求められている。学校における環境教育にも、環境問題を解決して持続可能な社会を構築するという意味で、これまでの環境問題を含んだ社会を丸ごとそっくりそのまま再生産するのではなく、そうした問題がなるべく少なくなるように社会を変革する役割が期待されている。

したがって、学校には、現在の社会をそのまま再現するという意味での再生産と、現在の社会とは異なった社会を新たに造り出すという意味での変革という矛盾する社会的機能が求められている。もっとも、再生産と変革の間に「よりよく再生産する」という変化の程度が変革よりも若干あいまいな立場もあるかもしれない。だが、それも変化を求めている以上、変革を求める教育である。

単純化していえば、環境教育は再生産機能と社会変革機能を求められてダブルバインド状態に陥っている。それゆえに、環境教育を実践する場合、学校が潜在的に産業社会の再生産システムとしての社会的機能を果たしている点を見落として、産業社会を変革する機能を求めても、その効果はかき消されるとバワーズは主張する。[*3]

残念ながら、現代の学校システムとその教育内容が、どの程度、エコロジカルに見て持続不可能な状況を再生産しているかについての数量化社会学的な精緻な実証や例証はなされていないし、ここで論じることもできない。[*4] こうした点についてはさらなる検証が必要である。それでも、学校における潜在的カリキュラムや隠された価値判断が、結果として持続可能ではない文化的社会的行動を再強化しているからこそ、環境問題の解決が首尾よくいかないという指摘は説得力がある。

◉教育内容のダブルバインド——西洋近代文化か持続可能な文化か

学校の環境教育における社会的機能のダブルバインド問題は、現実の教師にとっては教育内容のダブルバインドとして立ち表れる。環境問題を生み出した「西洋近代文化」と、後述するような環境問題を決定的なまでに深刻化させないような「持続可能な文化」といったものを想定して対置させるなら、教師たちは、学校の環境教育の教育内容として、どちらを選択するべきか判断できない状況に陥っているといえるからである。

理論的には、現代の支配的な近代西洋的な社会と文化とその価値観やライフスタイル、規範から脱却し、持続可能な社会における文化の規範を教えることで、そうしたダブルバインドから脱出できる。[*5] バワーズは、「西洋近代文化」においては、消費中心主義と一体となった「産業主義」、および、内実が何であれ「変化」をよいものとする「進歩主義」といった要素が生態系を危機に陥れたと指摘する。こうした文化においては、消費や快楽、利益や効率、技術や進歩といった要素に価値が置かれており、そうしたものを「よいもの」であるとみなす「信仰」が、環境問題を生み出す源泉のひとつになったという。しかも、このような文化においては、技術革新によって経済成長と資源開発を続けながら、環境問題が解決できるという科学技術的楽観主義が根強いという。

したがって、彼が問題解決の道として強調するのは、「持続可能な伝統文化(traditional cultures)」集団(社会)に回帰することである。バワーズの著作では、「原住民文化(indigenous cultures)」や「非西洋文化(non-western cultures)」という表現も用いられているが、彼のいう「伝統文化」集団とは、具体的には、原住民や土着民ともいわれる先住民であるクワキトル、アボリジニ、バリなどである。これらの「伝統文化」とは、「西洋近代文明接触以前の文化」であり、「時代を遡って、人間を自然から完全に切り離し、比類なきまでに特権を付与された理性的なものとして人間を確立した近代以前の文化[*6]」である。こうした文化こそが、生物圏を構成する自然のシステムの環境容量とうまくバランスをとって自然と共存できる過去の文化であると彼は主張するのである。

たしかに、「伝統文化」の教育内容をそっくりそのまま子どもたちに教え、そのまま「伝統文化」集団に先祖帰りするならば、環境問題は解決できるかもしれない。ダブルバインドも解決できる。その可能性は完全に否定できない。だが、バワーズの「持続可能な伝統文化」論で実際に例示されている前近代文化の慣習や価値観については疑問がある。彼のいうところの「伝統文化」集団においては、近代以降の市民社会の発展において獲得された個人の権利などは存在しがたいと推定できる。人権概念が発達して、自由な言論を背景とする民主主義的社会とは異なり、個人に価値が置かれない文化を環境教育はモデルとして採用できるのかという問題が残る。もっといえば、歴史をさかのぼって、過去の持続可能な定常的な文化集団に戻るとしても、あるいは、現存する先住民族の文化集団に移行するとしても、そうした文化集団が、グローバリゼーションが進んだこのような世のなかで、はたして今後も永続可能かどうかは保証されない。

したがって、現代の「西洋近代文化」に問題があるので、そうした伝統文化集団にそっくりそのまま回帰するという考えかたもあるかもしれないが、そうなればこれまでの人類の歴史的発展を否定してしまいかねない。しかも、持続可能性も保証されない。いわゆる近代批判を軸に、前近代へ回帰するということは歴史的な発展に逆らうことである。過去の「持続可能な伝統文化」に先祖がえりすることは現実的ではない。

それでも、エコロジカルな意味で「持続可能な伝統文化」が存在することは否定できない。そこで、バワーズの指摘を踏まえて、持続可能性のきわめて高い社会を想定してみることは有益である。また、それは持続可能な文化の内容や必須要素についての議論を沸騰させるという意味で刺激的でもある。

おそらく、「持続可能性の高い社会」というものは、地球規模と地域内の二つの意味での環境容量内で、定常的な社会状況――すなわち、①総人口と人口密度の定常化、②生産＝消費の総量の定量化、および、現在と比較対照した消費の質の低下とその状態の定常化、③科学技術の定常化――を実現する文化であると推定される。[*7]

ひとまず理論上の持続可能な文化を想定して、それを「持続可能性の高い文化」と表現することにしよう。その社会における文化のいくつかの要素は、「持続可能性の高い（かつて高かった）伝統的な文化」と重複する。しかし、両者は同じものではない。そのような文化を有する社会集団の中身は相当に異なる。それでも、前近代の「持続可能な伝統文化」集団から、近現代の「西洋近代文化」集団へ変化したが、さらに、後近代の「持続可能性の高い文化」へという変化を進めるために環境教育があると考えるならば、理論上はダブルバインドを解消できる。

しかし、問題はそれほど単純ではない。仮に「西洋近代文化」と「持続可能性の高い文化」があると想定しても、教師がどちらを教えるべきかというダブルバインド状況は解消しない。「持続可能性の高い文化」を基盤とした社会集団に移行するという集団的な意思が不明確であれば、教師は、やはり拮抗する二つの文化の教育内容のうちどちらを選ぶべきかというダブルバインドにはさまれるのである。

もちろん、学校の社会的文化的再生産機能と社会変革機能を、ダブルバインド的な性質のものとして理解するならば、学校における環境教育の内容にもダブルバインドが存在するという理解は自明のものである。それは教育学がかつてより説明原理として持ち出してきた、指導と放任、個と集団、個性化と社会化といった教育の持つ両極性（両義性）といいかえてもよいかもしれない。あらためて環境教育の課題として持ち出すまでもないという冷静な指摘があるかもしれない。

たしかに、教育そのものが、「他人と同じことを行い、他人と同じような人間になりなさい」というメッセージで社会化を促すと同時に、「あなたにしかできないようなことを行い、自分が自分らしいと思えるような人間になりなさい」というメッセージで個性化を促すというダブルバインド的性格を有している。そうした意味では、学校に「今の世の中とまったく同じような社会を構成しなさい」という使命を負わせながら、「問題のある部分は改善して、今の世の中とは異なった社会を構築しなさい」（よりよく再生産しなさい）という役割も負わせることは、それほど矛盾したことではないのかもしれない。そうした矛盾を含んでいること自体が教育の本質でもあるのではないかという見方もある。教育内容についても、ある程度は「西洋近代的文化」を軸にしつつ、「持続可能性の高い文化」を取り入れて教えるという折衷案もあるだろう。

しかし、バランスよく折衷案を採用して、いわゆる中庸をいくとすれば、環境改善の効果がそれほどあがらないのではないだろうか。そこに新たなダブルバインド――環境教育は実効性があがることを期待されて登場しながら、実効性は求められない――という状況が起こりうる。

じつは、教育内容のダブルバインドは深刻なものではない。教育につきものの両極性ともいえる。だが、その自覚は必要不可欠である。もし、環境教育に実効性を求めるならば、学校が潜在的に産業社会の再生産システムとしての社会的機能を果たしている点を明確に自覚し、産業社会を変革する機能が環境教育に期待されている点を認識して、環境教育というダブルバインド状況からの脱出路を模索しなければならないということになる。

◉自然の過程の操作可能性のダブルバインド——自然は操作可能か不可能か

ところで、人間形成の過程に手を加え、環境に配慮した行動をとるように教育することによって、自然が操作できるのだろうか。環境教育は、どうやら機械論的な人間形成観と自然観に基づいて、自然の操作が可能であるという立場に立つ。だが、そこにもダブルバインドが出現していないだろうか。

環境教育においては、人間中心主義的な持続可能性を保証する上で、環境に望ましいと評価されているような行動をとるようにという働きかけをすることが——程度の問題はさておくとしても——前提とされている。だからこそ、環境教育においては、人間の思想を含めた生活様式とその環境の相互関係の教訓を与えようとする意味で、人間とその共同体が計画されている。

地球環境問題の環境教育的解決策とは、教育政策的解決であり政治的解決である。「教育政策の策定—教育目的—教育目標—手段—内容」といったような一連の組織化と構造化、あるいは、学習者にとっての「学習の計画—認識—学習—動機づけ—行動」を展開する上では、計画性が環境教育の中心的な性質となっている。

意図的計画的かつ合理的な教育のプロジェクトとしての環境教育においては、因果的な法則性が重視され、予想と計画を外れたものは意図の実現を阻むマイナス要因とみなされるような機械論的な人間形成観が習慣化されている。自然も子どもも完全なコントロールが可能だと考えているかのようである。加えて、人間がすっかり自然との関係から切り離され、主客分裂した関係性のなかで、機械のようなものとして自然を把握し、それを目的合理的に操作する能力を持ちえているという前提が了承されている。環境教育は、未来の人間とその社会も、人間の手で構築できるという目的合理的思考を基盤にしているのである。

しかしながら、自然は人間の計画学の概念を超えたところで予期せぬ多くの出来事を引き起こす。その意味で、環境計画や環境教育計画で、機械論的に自然の問題を解決しようとする態度は、時として自然の側からとんでもないしっぺ返しを受ける可能性がある。しかも、環境問題を解決する人間を計画的に形成すること自体が、自然ではない過程である。子どもの方も、よかれと思ってなされた指導に反発し、よからぬ結果が生じることもある。思わぬ副作用がでることがあるだろう。子どもが偶然かつ自発的に環境のことを学ぶのではなく、環境教育のスローガンのもとに、学校という組織において資格を持った教師の手によって、意図的計画的に自然のことを教えられることに難点があるかもしれない。

いかに理想的な環境教育計画を練り、完璧だと考えられる環境教育システムを人間共同体が構築したところで、自然環境それ自体の方が、人間がつくりあげた教育システムの一部より複雑である。つまり、人間の環境教育システムは、自然のシステムに飲み込まれてしまい、複雑な自然環境システムを動かすことはないのではないだろうか。もし、合目的性や企図性を持ちこんで、どれほど素晴らしい環境教育を作り上げてみても、その環境教育の営みは自然の前には無力なのではないだろうか。環境教育が自然を操作するという意図を、自然の側はスルリとかわしてしまうのではないだろうか。

教育システムに特殊なパラドックスの根源は、偶発的で無意図的に進む社会化を、計画的かつ意図的に企図するところにある。逆に、環境教育が計画できないような教育の営みにこそ、持続可能性な社会を実現する営みが隠されているとも考えられる。無意図的無計画的であったはずの環境に関する「教え—学び」の過程を、すっかり意図的計画的にしてしまうことにためらいを感じるべきではないだろうか。

表現を変えてこの点をもう一度繰り返しておこう。

機械論的な人間形成観に基づく環境教育というプロジェクトを進める方向性は、テクノクラシーへの依存を生み、ひいては生活共同体に埋没してはいたが、環境と人間とのかかわりを「教え―学ぶ」という人間の能力を奪いつつあり、そのことがかえってこれまで充実していた環境教育を不能にするという懸念がある。

現在では、人間がすっかり自然とは切り離され、自然科学的な意味と生物学的な意味で環境問題が起こっていて、認識論的かつ文化批判的な立場から、人間の行為を変革することで解決可能であるという前提があるかのように環境教育が計画される。

それゆえに、目的合理性を基底とした「問題認識―学習―思考―行為」というプロセスにおいて、自然からはかけ離れた人間中心的思考法でこうした教育を推進しようとする。しかし、そうした態度のうちに、自然を軽視し、同時に人間形成を根こそぎ台無しにする大きな問題が隠されているようにも思われる。

環境教育にとって問題なのは、近代的な目的合理的行為が破綻して環境問題を産出しているにもかかわらず、同じ目的合理性を有する環境教育という発想と計画で問題を解決しようとする科学技術的アプローチが問題を複雑にし、かえって問題を深刻化させるという循環現象なのである。その悪循環からの脱出路を模索しなければなるまい。

人間は、感情を持つ生身の生活するひとつの有機体であって機械ではない。目的や合理性、理性だけで説明のつく存在ではない。だからこそ、偶発的な教育の契機や目的のないあるいは合理的ではない教育にも目を向けるべきではないだろうか。

以上のように、ダブルバインドとして環境教育の問題を再把握すれば、新たに得られる知見があるように思われる。ひとまずは、環境教育がダブルバインド状況にあると理解しておこう。

2 環境教育というダブルバインドを認識し回避するために

◉ダブルバインドの克服の第一歩はその認識である

ダブルバインドという用語で「壁」を再認識すれば、すでに見たように環境教育の難題が垣間見えた。では、そこからどのようにして脱出できるのか。

「壁」とは日常用語で、物事の進展を妨げるようなものという意味だが、ダブルバインドという用語で理解すれば、二つの相互に異なる方向性に縛られてどちらにも動けない状況になることという意味で捉えられる。二つの方向性というものも明確になる。そのために、「壁」という用語の代わりにダブルバインドという用語を流通させることは、環境教育の抱える問題を明確にする。もちろん二者択一の問題ではないが、問題の輪郭を浮かび上がらせるには好都合な表現である。そのため、この用語を用いて環境教育の難題を紐解いてみよう。

ダブルバインドにおけるひとつの方向性とは、産業社会の価値観と文化を再生産し、現代の環境問題を抱えた持続不可能な社会を再生産するという方向であった。もうひとつの方向性は、そうした価値観と文化を批判し、持続可能な社会を構築するといった方向性である。この二つのベクトルのなかで、環境教育が行き場を失って、明確な方向性を打ち出せていないのではないか。

ダブルバインドという用語で環境教育のおかれた状況を認識すれば、そうした状況にあるという認識そのものが第一のダブルバインドの回避の手がかりとなる。バワーズは「現代の価値と行動パターンがどれほどエコロジカルな危機に関係しているかを認識している公教育の教師や大学教授は僅かである」と断じ、「環境を意識したグループは教育システムのなかでいったい何が教えられているのかについて異議申立てをしなければならない[*8]」と主張する。彼はまた、消費的志向と技術的進歩への傾倒の二つを柱に、快楽主義、競争、個人主義などを強調する支配的な文化的パターンと価値観から脱却するために、「持続可能な伝統文化」を参考にすることを推奨している。

彼は、学校教育がエコロジカルに見て持続可能でない意識と価値観を生み出していることを認識しながらも、エコロジカルな持続を目指さなければならないことを教師が認識しなければならず、個人主義と快楽主義に基づいたライフスタイルと価値観から脱し、環境に対する規範や道徳的責任を持つことが肝心なのではないかと問いかける。[*9] だからこそ彼は、新しい価値の枠組みに目覚めさせる教師養成のプログラムの重要性を説く。ダブルバインドの克服の第一歩はその認識である。

繰り返すようだが、学校の潜在的カリキュラムでは、利益と効率を中心とした文化化と社会化のプロセスが中心となっている。快楽主義と技術楽観主義が当然視されており、それに根本的な疑念を差し挟むことができない。「いい生活」を継続することがよいことで、何か問題があっても技術が解決するというものの見方を無意識的に肯定しているとなれば、そこに大きな問題がある。

意図的に無視されてか、あるいは認識されていなかったのかは別としても、環境教育がダブルバインド状況にあると表現すれば、その表現で克服にむけた第一歩が記されているともいえる。とりわけ、学校が産業社会の価値観の再生産の装置になっているという反省をもたらす意味で有意義である。

◉持続可能性の高い文化についての学習の必要性

環境教育のダブルバインド状況を乗り越えるためには、持続可能な社会の未来像を明確にしなければならない。バワーズは持続可能な未来像を模索して、エコロジカルな生存に対する答えは、部分的ではあるにせよ、現存する前近代的ではあるが定常的な文化を参考にすることによって獲得されると主張する。[*10] その論を踏まえていえば、現代社会で当然視されているような、個人主義・利己主義・消費主義・科学技術中心主義が出現する以前の文化を学習することは、持続可能性の高い社会を模索するのには有効である。学習者にとって、現在の支配的な文化とは異なった文化社会のシステムがあることを知らせ、新しい価値の枠組みを模索するような契機を与えることは大切である。

この点では、バワーズの論に加えて、実際にアメリカ社会で持続可能な共同体を構築しているアーミッシュ社会の教育が参考になる。[*11] アーミッシュとは、現代のアメリカ社会で、冷蔵庫やテレビといった電気製品や自動車を使わず、生態系に合った伝統的な農業中心の生活をしている宗教集団である。自動車の代わりに馬車を使ったり、水車や風力を使ったりすることでも知られている。このアーミッシュ社会の伝統的な生活と信仰を維持していくためには、独特の教育が重要である。そのため、アーミッシュ集団は、彼ら独特の生活様式と信仰を教える教育を行う。教育とは、その社会集団の維持を目指すための手段であり装置なのである。

それゆえに、アーミッシュの教育は、アメリカの学校教育と激しく対立した。アメリカの公教育は、都会的で進歩的かつ効率的なアメリカの高度産業化社会の再生産を目指しているが、アーミッシュの教育は、農村的で、伝統的かつ効率的とは言えないような宗教的共同体の再生産を目指している。アメリカの公教育とアーミッシュの教育が対立するのは当然である。

おそらく、アメリカ社会に比べれば、アーミッシュの社会の方が持続可能性の高い文化集団であろう。だが、もし仮に、アーミッシュのような文化と生活を教える教育を日本で行おうとしても、当然のことながら大きな反発が予想される。程度は異なるが、バワーズが掲げるような持続可能性が高い先住民族や未開文化の生活を推進しようと提案しても、必ずしも賛成されないだろう。それゆえに、いますぐにそうした持続可能性の高い文化集団の教育を現代の日本においても推進すれば首尾よく事が運ぶということでもあるまい。

ともあれ、教師を養成する際に、文明のありかたを題材として学習するという提案[*12]は、ダブルバインド状況を乗り越える源泉となり、新しい覚醒、気づき、認識を高め、教育全体の変革へと向かう可能性を秘めている。環境教育のカリキュラムや教材に現代文化を見直す材料となる「伝統文化」に関する文化的学習を持ち込み、同時に、環境教育の教員養成においてそのような文化的視点を入れるならば、環境教育実践のもうひとつの方向性について省察する好機となる。実際に、そうした環境教育の教員養成のプログラムもある。

たとえば、ユネスコのウェブサイトによって世界中で使用可能となった教員研修用教材において、「先住民族の知恵と持続可能性」という一章が設けられており、先住民族の「もうひとつの知識体系」を学ぶ意義が示されている。*[13] 持続可能性の高い文化を参考にして、これからの持続可能な社会と環境教育を構想すべきであるという点では、先住民族の文化を学習することは重要なきっかけとなる。それというのも、環境教育は現代文化の批判と反省、相対的な見方にたつことが基盤であり、究極的には地球環境問題を生み出す可能性がきわめて少ない定常状態にある文化の教育のありかたを参考にすべきだと考えられるからである。

この文化学習は、価値観やライフスタイルの形成という側面で、消費行動の学習という側面も持つ。バワーズは、再生可能な資源を不必要に使うことを最小化し、人間の日常生活における習慣的な行動を再考させ、不要なものを排除すること、そして教育に関する根本的な異なる思考法を模索していくべきであることが重要であるとしている。*[14]

この点では、環境と調和した生きかたの哲学を展開して、より少なく働く、より少なく消費する、日常生活に文化を含めるといったことを提案したフランスのエコロジスト、ゴルツ（Andre Gorz 一九二四～）の提案と共通点がある。*[15] ゴルツは、自然における循環と共存の可能な程度を越えて生産・消費・廃棄の量・質が変化したため環境問題が生じたとし、その解決には、自然の処理能力を越えて生産・消費をすべきでないと示唆する。要するに、消費の制限や所有の禁欲を行うべきであるということになろう。

消費の自発的制限については、人格形成上の視点から、シュレーダー＝フレチェットが消費の制限論を提起しており、[16]ダーニングはきわめて具体的に消費を批判的に観察している。[17]無条件に個人の消費生活が許されるわけではない以上、環境教育では、消費行動と所有への欲望についてある種の方向づけをしなくてはならないということになる。[18]何をどの程度所有し、どれほどの速度でそれを消費するか。どのような物品であれば不要とするのか。何かの商品の所有や消費を断念する教育的な働きかけをするという意味で、環境教育は消費に関する教育ともなる。

ただし、注意すべき点もある。バワーズは、「環境の危機を乗り越えるために、教育の過程における概念的かつ道徳的な基盤のラディカルな変化を包摂しないような解決方法の枠組みはかえって新たな問題を付け加えるだけである」[19]という警告も発している。フロンガスのジレンマで見たように、ある商品の消費の抑制を行うだけでは、持続可能性の高い社会を構築することにはつながらない。合理的理由もなく所有を制限することにも無理がある。どちらも、かえって問題を複雑にするだけである。

環境教育は、消費生活全般にかかわるとともに、それを支える社会の仕組みまで視野に入れた学習にしなければならない。そうしたシステムの変化に参加することを教育内容としても組み入れなければなるまい。

◉環境教育は学校の変革の契機となるか

ダブルバインドを回避するためには、学校そのものを変革するという魅力的な方法がある。学校の社会的機能が社会変革であると認識され、すべてが環境教育を行うためのものとなり、環境問題の解決を図ることが何よりも優先されるならば、環境教育はダブルバインド状況には直面しない。だが、こうした回避方法は現実的だろうか。学校の機能を変化させるほど環境教育は力を持ちうるのであろうか。

エコロジカル・リテラシー（ecological literacy）という概念を環境教育に導入しようとするある環境教育研究者は、「すべての教育は環境教育である（all education is environmental education）」[20]と主張している。ある意味でそれは正しいし、そうした理想には魅力がある。

バワーズも好んでこの表現を用いるが[*21]、それは現在の教育全体が環境教育となりうることを指摘していると同時に、現在の教育全体が、環境教育に対してまったく逆のことをしているという意味で「反」環境教育になっていることを暗に指摘しているからである。換言すれば、この表現は、学校全体が「反」環境教育になっていることを明確に示しているのである。

環境教育が本来の実効性を発揮し、ダブルバインドを克服するには、学校全体、あるいは、教育全体まで変革しなければならないという論理は理解できる。実際、環境教育は学校変革の契機であるといった論は、環境教育の登場の時点から存在する。日本においても、すでに環境教育の黎明期から環境教育は教育を変えることが話題に上っていた[*22]。たしかに、学校教育全体の反省契機や、歪んだ教育の諸問題を解決させる方便として、環境教育をその道具と見なすことは可能ではある。環境教育に、学校、ひいては社会構造を変革するダイナマイトの役割を果たす可能性と魅力があることを否定すべきではない。しかしながら、環境教育の価値論や実効性が明確になっていない段階で、環境教育に、学校や教育を変化させ、新しい社会像や人間像まで期待することは、環境教育を過大視しているように思われる。

学校教育システムの諸問題の発生の要因は、国家的構造的な未完の「近代化のプロジェクト」としての信頼がすでに消失しつつあることに由来する。そうした信頼があったからこそ学校教育が機能してきた。その信頼すら消失しつつある今、やはり学校に対する信頼を話題にし、復元する必要がある。すでに見たように、学校教育を困難にしているのは、ひとつには、学校は「いい成績をとらせて、いい学校にいかせ、豊かで便利な消費生活をさせる」のに多忙であるという状況であり、もうひとつは「学校でいい成績をとっても意味がない」という無力感である。

それゆえに、学校変革を起こすためには、まずは環境教育のバックアップが必要であり、学校が環境教育の主たる実践の主体であることを社会的に認識する必要がある。さらには、学校に対する信頼を取り戻すという課題も解決しなければならない。環境教育が教育再考の契機となり、学校変革の主たる牽引車となるのであれば、こうした学校変革論は現実化する。そのためには、環境教育に対する必要性を市民が十分に認識して、それを学校で行うための政治的な参加をする必要がある。

なるほど、環境教育は現代の学校教育を根底から覆す潜在的な可能性を秘めている。新たな「物語」を構成し、環境教育が学校で行われて環境改善が進むという信頼が生じれば、環境教育のダブルバインド状況は解決する可能性がある。学校における環境教育をどのように進めるかという課題よりも、環境教育によって、どのように学校変革を進めるかといった課題に取り組む方が魅力的である。だが、そのためには、まずは広く市民が環境教育の可能性を認識して、教育行政を動かし、市民的な動きのなかから学校を変革するという、やや長期的な計画を用意しなくてはなるまい。

◉環境教育の方向づけに関する市民のコミュニケーションが必要

ところで、なぜ、現代の学校教育が産業社会のイデオロギー装置であり一定の価値を注入していることに、わたしたちの大部分は、自覚や認識、反省を持てないのだろうか。それには、大きく分けて二つの理由があるように思われる。

ひとつは、わたしたちにとって、意識化したり対象化したりして自覚できないほどまでに強大なイデオロギーであるということである。そのためには、ダブルバインドの意識化が必要である。もうひとつの理由は、それに気づくのに十分な批判的な思考力や判断力、市民性（citizenship）、あるいは市民のコミュニケーション能力を育ててこなかったことがあげられるだろう。仮にそうだとすれば、批判的思考力を高める教育実践に取り組む必要がある。

もうひとつの方法として、ダブルバインド的な状況を回避するには、現在の状況を批判的反省的に捉え直す理論的な刺激を与えるために、ある種の規範的な方向性をもった社会批判的環境教育を理論の上で展開することではないか。

具体的内容として「持続可能な社会」構築のための知識と技術、態度を学習する「新しい教育」である環境教育を実践する必要があるという言説を立てれば、それに対する拒否反応は起こるが、そのときはじめて、現在の環境教育の限界に気づくことができる。

バワーズは、「持続可能な伝統文化」が存在すると考えていた。また彼は、個人が社会の基本単位であることや、変化が基本的に進歩であると考える現在の文化の価値観とは異なった考えかたを持っていた。[*23] だからこそ基本的には、「持続可能な伝統文化」を、いわば「注入」する教育として環境教育を構想する。バワーズのいうような持続可能な文化を注入するような括弧付きの「環境教育」は、ダブルバインド問題を解消するだろう。だが多くの問題点が浮き彫りにされる。

しかし、「持続可能性の高い文化」を子どもたちに教える環境教育を想定してみれば、環境教育の方向づけを検討する準備段階が必須であることがわかる。つまり、ある一定の合意された教育的方向づけに基づく環境教育を実践するためには、市民的なプロセスが大切なのである。

「持続可能性の高い文化」について教える環境教育といった「規範的環境教育」というものは、現代社会への文化批判的な色彩を帯び、規範的な色彩を帯びる。その第一の問題点は、どのような規範なのかといった内容論議もさることながら、規範の方向づけのプロセスである。民主主義的な決定方法で、公正・公平に政治的な手続きをへて、環境教育の教育政策を決定するということが、こうした「新しい環境教育」の基盤となる。

このプロセスにはかなりの時間がかかる。バワーズは、「数十年後には、我々は最も基本的な信仰のシステム（belief system）と社会生活を変えなければならないという見込み[*24]」を示唆している。環境教育が、新たな持続可能な社会の行動様式、文化的パターン、倫理、社会システムなど、人間の価値の方向づけにかかわる際、変化にかかる時間を、彼は数十年と見積もる。コミュニケーションと社会的合意、環境教育の政策決定とその実施には、もう数十年、すなわち合計で半世紀ほどかかるのかもしれない。だが、いかに長い時間がかかろうとも、こうした環境教育の方向性を決定する市民のプロセスはきわめて重要である。

以上のように、持続可能性の高い価値観や生活様式について教えるという規範的な環境教育モデルを想定すれば、環境に対して破壊的な形式の背後にある「隠された前提と価値」が、なんのためらいもなく学校教育の場で教えられるのを防ぐ手がかりが得られる。おそらくは、隠されたイデオロギーよりも強いイデオロギーによってしか「規範的環境教育」は成立しない。しかし、それには手続きとプロセス、しかも相当の時間が必要である。

本章では、環境教育の「壁」をダブルバインドという用語で確認した。その認識も重要であるが、回避方法を模索することが環境教育の最も重要な課題であると考えられる。「壁」の乗り越えかたについては以下の章でも言及するが、終章でまとめて検討することにしたい。

註

＊1　バワーズは、フーコー（Michel Foucault 一九二六～一九八四）の思想に強く影響されており、デューイ（John Dewey 一八五九～一九五二）やロジャーズ（Carl R. Rogers 一九〇二～一九八七）などの教育理論を踏まえる教育哲学研究者である。エコロジカルな批判的考察においては、ベイトソン(Gregory Bateson 一九〇四～一九八〇)の影響を強く受けている。バワーズの研究領域は幅広く、教育や生態系の問題ばかりではなく、価値観、制度や規範、道徳的判断、知性や創造性、コンピュータ、言語、情報などの現代の諸問題にも及んでいる。

＊2　アルチュセール、柳内隆訳、一九七〇（原著一九九五）『イデオロギーと国家イデオロギー装置』三交社を参照した。また再生産論については、ブルデュー（Pierre Bourdieu 一九三〇～二〇〇二）やボウルズ（Samuel Bowles 一九三九～）とギンタス（Herbert Gintis 一九四〇～）らの社会的文化的再生産論を参照した。

＊3　本章ではバワーズを手がかりにダブルバインドという用語で環境教育の「壁」を再解釈するが、その際十分注意しておかなければならない点がある。それは、彼の用いるダブルバインドは、ベイトソンが一九五六年に精神分裂病の病因論としてダブルバ

インドを提唱しはじめた当時の用語法を踏まえているわけではないという点である。手短にいうならば、バワーズの「環境教育ダブルバインド論」においては、ベイトソンのようにメッセージやメタ・メッセージが階層的に精密に区分されるわけでもなく、諸症状が分類されているわけでもない。事例が指摘されているわけでもない。しかしながら、ダブルバインドという概念それ自体の意義を厳密にベイトソンに遡り、その論理性を狭くとらえすぎるあまりに、環境教育がダブルバインド状況に陥っているという難点だけに注目するならば、彼が見抜いているような環境教育の本質的問題を見逃しかねない。そこで、ベイトソンの本来的な用法ではないことを十分に承知した上で、バワーズが主張する環境教育論のなかで指摘される環境教育のダブルバインド的性格を理解したい。

＊4　Bowers, C.A. 1995a, "Toward an Ecological Perspective", *Critical Conversations in Philosophy of Education*, Edited; Wendy Kohli, Routledge, pp.314-317.

＊5　Ibid., pp.314-315, and Bowers, C.A., 1995b, *Educating for an Ecologically Sustainable Culture: Rethinking Moral Education, Creativity, Intelligence, and Other Modern Orthodoxies* (Suny Series I), State University of New York Press, p.25.

＊6　Bowers, 1995a, p.5.

＊7　Bonnett, M. 2004, *Retrieving Nature: Education for a Post-Humanist Age*, Blackwell Publishing, pp.1-12.

＊8　Bowers, C.A. 1997, *The Culture of Denial: Why the Environmental Movement Needs a Strategy for Reforming Universities and Public Schools*, State University of New York Press, pp.2-3.

＊9　Bowers, C.A. 1995b, pp.23-40.

＊10　Bowers, C.A. 1993a, *Critical Essays on Education, Modernity, and the Recovery of the Ecological Imperative*, Teachers College, p.183.

＊11　アーミッシュ社会と教育との関係については、藤田英典、一九九一「教育・国家・コミュニティ」『東京大学教育学部紀要』第三一巻、九五―一〇八頁、を参照した。

＊12　この点については、善財利治、一九九七「先住民族の『環境倫理』と『持続可能な開発』に視点をあてた中学校社会科の授業」（平成六、七年度科学研究費　総合研究（A）研究成果報告書『国際理解教育の教材と教員研修に関する国際的比較研究』）におけるカナダのイヌイットの例を参照した。

＊13　ユネスコ、阿部治ほか監訳、二〇〇五（原著二〇〇二）『持続可能な未来のための学習』一八一―一九二頁、有斐閣。

＊14 Bowers, C.A. 1995b, pp.178-218.

＊15 消費の制限論に関しては、アンドレ・ゴルツ、高橋武智訳、一九八三（原著一九七五）『エコロジスト宣言』緑風出版、六二—六四頁、を参照した。

＊16 消費倫理といわれるものは成立していないが、Shrader-Frechette, K.S. 1981, *Environmental Ethics*, The Boxwood Press, pp.154-193 などでその端緒が見受けられる。

＊17 この点については、Durning, A. 1992, *Asking How Much is Enough? : Consumer Society and the Future of the Earth*, W.W. Norton & Company, pp.153-170 を参照した。

＊18 この点については、今村光章、一九九七「消費者教育における〈消費の制限〉の可能性」消費者教育学会編『消費者教育』第一七冊、二二五—二三六頁、で詳述した。

＊19 Bowers, C.A. 1997, p.3.

＊20 Orr, D. 1992, *Ecological Literacy*, Albany, State University of New York Press, p.90.

＊21 Bowers, C.A. 1995b, p.23, p.36, p.181, and Bowers, C.A. 1997, p.15, p.240.

＊22 教育の営みを問い直す契機としての環境教育の役割に関しては、一九六九年に出版された“The Journal of Environmental Education”の第一巻において、William Stapp が指摘していた。日本では、一九九一年に、北村和夫、岩田好宏らが雑誌『教育』（五三五～五三七号、一九九一）に掲載した論文、および、福島達夫、一九九三『環境教育の成立と発展』国土社、などでも指摘されている。

＊23 Bowers, C.A. 1995b, pp.7-9.

＊24 Bowers, C.A. 1993b, *Education, Cultural Myths, and the Ecological Crisis: Toward Deep Changes* (Suny Series in the Philosophy of Education), State University of New York Press, p.9.

第3章 環境教育の「壁」を乗り越えるための希望と勇気

1 環境教育実践に向かう根本的確信としての希望

◉希望があるからこそ、たとえ死を目前にしても学びがある

環境被害は現世代にとどまらず、将来世代にも及ぶ可能性がきわめて高い。現在よりも劣った環境しか未来の子どもたちに残せないのではないか。再生不可能な自然資源を未来世代に十分に残せないのではないか。現世代が享受した豊かな自然を取り戻すことができず、すでに手遅れではないか。やっかいなことにそうした不安が払拭できず、環境教育を実践する「壁」となっている。

地球環境問題の深刻化による直接的なダメージもさることながら、間接的な心理的ダメージもきわめて大きくなりつつある。こうした不安に立ち向かうために、本章では、ダブルバインドを乗り越え、新たな社会を築く上での基本的な態度——希望と勇気を持つこと——に言及したい。

かつて、西洋近代の拡大する経済主義を批判した優れた経済学者であるシューマッハー（Ernst Friedrich Schumacher 一九一一～一九七七）は、「教育が抱えている問題は、現代のもっともむずかしい問題をそのまま、反映

したものである」として、「われわれの病は形而上学的な性質のものであるから、治療法も形而上学的たらざるを得ない。根本的確信の是非を明らかにできないような教育は、練習か遊びに過ぎない」[*1]という痛烈な表現を残した。シューマッハーのいう「われわれの病」のひとつに環境問題が数え上げられる。

この指摘を踏まえるなら、環境教育という治療法も、人間と自然との関係や、人間どうしの関係、文化や生活のありかたに関する哲学的かつ精神的なものにならざるをえない。環境教育が人間の内面に関する教育であるならば、それに関与する「根本的確信」として希望を持つことから始めなければならない。希望があるからこそ、環境教育に取り組める。まずはそのことを確認しておこう。

地球環境問題の深刻化と広域化を示す科学的実証的データが山積している。風雲急を告げる時代である。環境問題は人間の心と体とを恐怖で震わせるが、それと同時に人々の声帯と鼓膜を震わせる。同時であるという意味だけでなら、こうした環境に関するコミュニケーションの契機はあながち否定的なものではない。そうした問題がコミュニケーションの最大の契機を人類に提供してくれているからである。だが、手ばなしで楽観的な気分でいられるわけではない。

あたかも医者が患者に「不治の病」を告知するかのように、科学者は人類に地球環境問題を通知する。わたしたちは時として絶望を突きつけられる。それでも、絶望を見せられるからこそ、その向こう側にある新しい希望を見出そうとする。患者は死という深い淵を前にしながらも、あるときには死の向こう側の彼岸の世界にもかすかな憧憬を抱くことさえある。そして、此岸の現実世界を振り返ってその意味解釈を更新する。残された時間を精一杯生きようとする。

だからこそ、目前の「死」を逃れられぬ患者にとっては、「最後の桜」は格別なものに見える。だが桜が変わったのではない。見方が変わったからこそ、生きてきた人生で「最高の桜」に見えるのである。このように絶望が意味解釈の更新を促すこともある。

現代という時代を生きる人類も今、同じ状況にあるのかもしれない。なぜなら、現世代を生きるわたしたちは、「地球破局 geo-catastrophe」という絶望的ともいえる深い淵をのぞきこみながらも、その向こう側の未来社会への憧憬を感じているからである。憧れを感じるその瞬間、現在の生活世界を省みて、「最期の生きざま」を格別なものにしようとしてかすかな希望を抱いて「最高の生きかた」を考え始める。逃れえぬ死を目前にした患者のように。

地球環境問題に直面した人類は、あたかも、死にいたる病《やまい》に直面した患者と同じような存在である。それというのも、人類にも患者にも、生命に対して投げかけられた病が存在し、時として絶望、すなわち、深い淵が立ち現われ、それでも、絶望に真摯に向き合い乗り越えようとする強い意思、すなわち希望をも持っているからである。

しかも通常、「不治の病」に冒された患者は、その意味を知ろうとし、残り時間が限られていても、より「よく」生きようと努力する。いみじくもソクラテスが最期に諭したように、「ただ生きる」のではなく「よく生きる」ことが、人間にとっての課題であるように、わたしたち人間は終わることのない奮闘を続ける。抱えきれない病の意味の重さに、努力を放棄して野放図に生きているように見える人間でさえ、それが当人にとって「よりよい生きかた」という意味で「最善の選択」なのである。人類でも同じである。絶望して自己中心的な消費生活に耽溺している人々でさえ、どこか頭の片隅でより「よく」生きようとしているのかもしれない。自らの「存在」を実り豊かなものにしようとしているのである。

このように、患者と人類には多くの共通点がある。しかしながら、決定的ともいえる重大な違いがある。なぜなら、残念ながら、患者――個体としての人間――には文字通り死が究極的に確実なのに対して、人類には種としての死がそれほど確実ではないからである。人類が種として――究極的には、太陽の膨張による地球の消滅までは――生存し続ける可能性があるという希望は十分に現実的である。もちろん、永遠とまでは断言できないが。

ところで、希望を持って、患者や人類が所与の課題に対処する方法を模索する活動は、一般に「学び」と呼ばれる。こうした活動はよりよく生きようとするものの当然の行為である。そして学ぼうとする人間には、よりよい「教え」を与えようとする同伴者たちの努力がなされる。残念ながら、死が避けられない運命になれば、その本人にとっても家族にとっても、たとえば「死への準備教育」というような、よりよく死を迎えようとする「学び」さえ始まる。死が、差し迫っていなくても、人間は病を機に生きかたを再考する。病は「学び」の契機なのであり、希望があれば、その「学び」が生きがいにもなる。

人類にもそうした「学び」と「教え」の活動が存在する。幸いにも、「死への準備教育」と比較すれば、環境問題という病への挑戦は、ずいぶんと分のいい戦いである。少なくとも人類にとっての「死」は逃れえぬものでも決定的なものでもないのだから。

大切なのは希望である。希望があるからこそ、「学び」が存在する。そして「教える」意欲も生まれる。たとえ死を目前にしても希望を持てば、なんらかの「学び」がある。環境問題を病と見立てれば、その病に立ち向かう環境教育という「学び」と「教え」を語る際には、大いなる希望を持って応対しなくてはならないのではないだろうか。

◉すでに希望は提示されている

実は、科学的実証的な拠り所をもって希望を語るのは、容易なことではない。すでに一九七二年にローマクラブのレポート『成長の限界』[*2]がきわめて厳しい現実を示したように、環境問題は深刻化しているからである。このレポートは、マサチューセッツ工科大学と科学者集団のローマクラブが、コンピュータを駆使して、二一世紀の人口及び産業の成長予測を行ったものであった。当時、いやおうなしにこの将来予測に関心が高まったが、それは決して楽観的なものではなかった。『成長の限界』では、人口が爆発的に増加するにもかかわらず、石油などの天然資源をはじめとする自然の資源は有限であり、そのままでは地球上の経済的発展は限界点に達するということが認識されたのである。

しかしながら、このレポートは地球の破滅を予測し、定められたかのような未来の運命を嘆く消極的な後ろ向きのレポートではない。それどころか逆に、人類の未来が、わたしたち現世代の人々の選択にかかっており、しかも、希望と冷静な判断力さえ持てば、地球の危機が乗り越えられることを強烈にアピールするレポートであった。[*3]

同じように、危機に気づきながらも希望を語る人物がいる。有名な理論物理学者であり、平和運動家でもあるヴァイツゼッカー（Carl Friedrich von Weizsäcker 一九一二〜二〇〇七）である。彼は、正義と平和と自然という三つのテーマと人間との現実の対立関係に眼を差し向けていた。ヴァイツゼッカーは、地球と人類は、「おそらくこれまでにわたしたちが経験したことのない破局的頂点を窮めようとする危機的状況にある」[*4]と断言する。しかしながら、いかなる問題であれ、現実と希望との緊張関係がなければ説明できず、答えも得られないとして、素朴な希望の言葉で解決策を語り始める。

もっとも、彼は、主として、新たな世界大戦という破局を回避して、世界平和のために希望を語り始めているのだが、それは環境破壊の場合でも同じである。彼は、自然との平和（和解）がなければ、人々の間にいかなる平和も存在しないことを指摘する。そして、環境問題も克服できるという希望を語る。人々の環境意識が十分に広範に展開され、市場に強制力が働き、政治システムに決定的な影響を与える民主主義的な世界が構築されれば、環境問題は解決可能になるはずであるという。そういう意味で、彼も危機的状況のなかに光を見出している。彼の希望は決して夢想的ではなく、理性的なものである。

ローマクラブのレポートも「危機認識」という点ではヴァイツゼッカーと一致している。『成長の限界』の出版後二〇年を経て出された『限界を超えて』[*5]においても、人類が環境問題に取り組むだけの能力が備わっているので、よりよい社会を実現するために物理的な限界を受け入れることが必要であることが繰り返し強調されている。研究グループは、人類はこの課題を乗り越えることができると断言する。

一九九二年には、ローマクラブは豊かさを二倍にして、資源消費を半分にするというスローガンを出して、生存基盤を長期にわたって確保することを主張した。[*6] それが具体的に可能であるという。一九九五年には、地球環境問題解決の鍵概念として、少ない資源で豊かな暮らしをするという「ファクター4《フォー》」というスローガンが掲げられ、産業構造と企業経営の構造変革を起こして、エコロジー的な効率革命とエコロジカルな生活革命を促進しようとするグループも出現している。[*7] 一九九二年のリオ・デ・ジャネイロでの地球サミット以来、エコロジー的に持続可能な進歩を遂げるための実現可能な経済的に引き合う計画があちらこちらでなされている。

具体的に希望を実現しようとする提示は多々ある。そうした多くの試みが存在することが希望なのである。すでに希望は示されているとはいえないだろうか。

ところで、上述のような一連の努力の方向性を一瞥しただけでも、人間はいかなる逆境にあってもその苦難を乗り越えていく実存的な存在であることが想起される。フランクル（Viktor Emile Frankle 一九〇五〜一九九七）は、強制収容所の体験を踏まえて、「人間はあらゆることにもかかわらず――人生にイエスということができる」と力説する。[*8] 人間を人類に、人生を人類史（過去と未来にわたる人類の発展史）に置き換えれば、「人類はあらゆることにもかかわらず――人類史にイエスということができる」といえるのではないか。環境問題という苦難を乗り越える過程のうちに、またひとつの共同の所業が人類に加わり、わたしたちは強靭になることができる。どの時代においても、人間は希望を持って実存的な危機に立ち向かう存在である。

ローマクラブのレポートからわずか四年後の一九七六年に、エーリッヒ・フロムは今日の人間存在の肉体的精神的危機を看破して、自らの精神分析による体験と社会心理学的考察、そして透徹したヒューマニズム精神から、「在る存在様式」と「在ることの都（the City of Being）」という処方箋を書いた。[*9] フロムは、人間のなかにすでにある生きかたとして「在る存在様式」を描出して人間の生きる道があることを示している。「在ることの都」で、持続可能な社会が実現できることも示唆している。フロムも希望を重視した人物の一人である。そのことについては次章で検討しよう。

総じていえば、人間の思考と行為は、人類のゾーエ的生命、[*10] すなわち連綿と受け継がれてきた「無限の生」までをも徹底的に崩壊させかねない事態を招いている。しかし、人間の理性は、危機を乗り越えようと、さらに深化し統合され進歩する。人間は、新たなる危機に直面するたびごとに、過去の時代の価値や概念、真理や実在を持ち出し、それに新しい知や理念やシステムをいくつか付け加えることによって、当面の困難を解決しようとする。乗り越えるべき危機の種類にもよるのだが、ここで新しい知といっても、それらは、人間のはかりしれない知の枠組みにあらかじめ組み込まれている「在庫品」なのかもしれない。

環境教育という新しい思考法と行為自体、危機を乗り越えようとする努力のうちのひとつであり、人間の新しい知と営みである。現世代は、後世代にあらんばかりの智恵と経験を与え、将来の危機を回避したり、それに備えられるように配慮したりしようとする。そうした行為は教育的行為として理解される。環境教育もそのひとつである。ただし、この場合、先行世代が後世代に「将来そのもの」を準備することが、その新しい課題として付け加えられる。その点では、これまでの教育以上に希望が重要である。

ここでいう希望とは「生命と成長との精神的付随物[*11]」であって、「ひとつの存在状態」や心の準備である。いずれ時期が来たらひとりでに事態が好転するといった受動的態度で待つといった態度ではない。また、起こりえない状況を無理に起こそうという、まったくの非現実的な態度でもない。希望とは冷静で合理的な心の構えである。

これまでも環境のなかで暮らしてきた人類社会は、必ず、どうにかして自然や環境とうまく調和して持続できる仕組みをつくることができるはずである。環境教育も、そのような持続可能な将来の世界そのものを準備できる。たしかに、希望の科学的実証的な根拠づけは困難である。だが、希望は外在する客観的な事実の積み重ねによって合理的に獲得されるのではない。むしろ、主観的かつ内在的な日々の行為の積み重ねによってもたらされる。環境教育を実践する場合にも、日常の教育活動を行うことによって、もたらされるのである。実は、環境教育はその存在自体が希望なのである。

◉逆説的希望――希望を失うに足る理由などない

さて、先ほどから私論めいてこうしたやや個人的とも受けとられかねない信念や確信を、論理性と実証性をぬきにして強弁していることに、やや煙たさや猜疑心を持って見る目もあるだろう。しかしながら、わたしは希望を失うに足る合理的実証的データをどこにも見出しえないのである。

たしかに、科学的データは地球環境問題の深刻さを示すありとあらゆるデータを提出する。政治的経済的な解決策の困難さをあらゆる手段で実証しようとする研究者たちもいる。それにもかかわらず、人類と地球があと数十年程度で文字どおり終局するという完全な確証は得られないのである。

――希望を失う理由は存在しない。逆説的だが、だから希望があるといえるのだ。

教育学的な見地から環境問題と環境教育にアプローチする際には、悲観的に、「人類が生き延びることが、必ずしも、善や正義ではない」などということもできない。

子どもの生命の存在と健やかな育ち、そして、子どもたちが大人になったときの世界の存在を決して疑わない教育学という立場から環境教育の「根本的確信」としての希望を持つなら、「人類滅亡のシナリオが他の動植物にとって好ましいことである」などとも決していえない。「将来そのものを次世代に準備する」という究極の課題を突き付けられた教師は、決して悲観主義や厭世主義などに陥ってはならない。

環境危機という大きなテーマは、人類の環境持続性を公正な手続きと民主的な価値の実現、そしてそれぞれの地域でのそれぞれの真の豊かさを実現するプロセスをもたらす。環境危機の克服は現代社会のテーマではあるが、悲観的に過去の負の遺産を背負い込むといった態度ではなく、環境危機を契機として、人類社会のよりよい未来の実現の過程が待ち受けているとポジティブに捉える希望が重要だろう。

希望。

それが少なくとも教育学者たちがこの問題を引き受ける際の基本的態度である。教育学的アプローチにおいては、環境危機が存在するということを感じ取る感性が人間存在のうちにあることを自明視し、現在の地球と社会の状況を危機的状況だと捉え、人類と地球、動植物も現在の生物の多様性を保ちながら存在すべきであるという立場をとるべきである。人類は危機に直面しているが、それにもかかわらず生き延びるべきであり、そのために希望を持って、ある種の行動を抑え、ある種の心理的性向を有した人間を形成しなければならないという当為論的な立場に立たなくてはなるまい。

2 環境教育に取り組む勇気

◉科学技術を制御する勇気

希望を根本的精神におき、将来の人間形成と環境の形成にかかわる教育学の立場においては、環境教育という教育実践の領域で、ある種の行為を抑制し、ある種の欲望そのものを禁欲させる教育を行う勇気を持つことが求められる。そのことについて考察しておこう。

教育学者であるランゲフェルト（Martinus Jan Langerveld 一九〇五～一九八九）は、環境問題が世界的な規模で注目されるよりも以前に、教育学者としてはかなり早くから、技術や工業化といったものが有している驚異的な力を認識し、それとの戦いが始まることをうすうす察知していた。

そして、「もしわれわれの科学技術というものがより深い人間の理解というものから離れてますます独立した形に発展してゆくということであるならば、われわれの危険も増してくる」[12]ことを看破して、科学技術の帰結を人間が生活可能な、生きていける世界の内部に確保しておかなければならないことを示唆している。

それゆえにランゲフェルトは、「科学や技術」を人間の理解と人間の解釈のなかに統合することがもっとも危急の課題であると述べる。[13]ランゲフェルトのこの指摘は、科学技術の発展を抑制する可能性を指摘していると理解できる。

環境危機を産み出した一因となるのは科学技術の運用である。科学技術は人間のありとあらゆる欲望を実現してきた。他方、科学技術によって可能なことをすべてしてよいのかどうか。ある種の事柄については、禁欲する必要があるのではないかという問いにも直面している。科学技術の運用にあたっては教育が重要な意味を持つ。どのような人間の欲望を実現するために、どのような目的で、科学技術を運用するのか。欲望と理由いかんによっては、科学技術を運用したい人間の欲望のコントロールもしなければならないだろう。科学技術の運用のコントロールは、人間の欲望や快楽のコントロールとも通底している。科学技術の発展が求められているとはいえ、その理由を再考し、ある程度は発展への欲望をコントロールする必要がある。

一方、環境危機を生み出した工業化社会と労働を目的とした「手段─目的─思考」の二つを中心とした社会システムの問題については、リットがランゲフェルトにさかのぼって警鐘を鳴らしている。地球環境問題が認識されるはるか以前の一九五〇年代後半からすでに、リットは工業社会における「機械化」と「自己疎外」が、人間性（フマニテート）の運動を慢性的に危機に脅かすことを危惧し、人間形成（人間陶冶）の重要性を指摘している。[14]

ただしリットの主たる関心と批判の対象は、近代の労働体制と事物支配にあった。リットは、直接的に地球環境問題を論じているわけではない。しかし、慧眼のリットの表現を借用して、現在の危機を表すならば、自然科学と科学技術によって生み出された「存在している事物（das Seiende）」が、われわれ人間のなかに「存在すべきもの（das Seinsollende）」を押し潰し、いわば「存在すべきではない事物」――化学物質やある特定の技術や社会システムなど――までも生み出してしまっているといえよう。科学技術を運用した結果、「存在すべきでないもの」も生まれるとすればなおさら、その制御には注意を払うべきである。

リットの基本的な思想のなかにあるように、こうした「存在するもの」と「存在すべきもの」との二つの両極を動くのが教育の概念である。それにもかかわらず、理念的に「存在すべき教育」として環境教育という新たな領域を提唱しながら、その一方で、現実には「存在している教育」を丸ごと認め、再生産しているにすぎないようにも思われる。「存在すべきでない事物」が環境に排出されるのを「抑制」するとともに、人間社会で「存在すべきもの」――すなわち、個々人の存在の豊かさや公正・公平さ、暖かい雰囲気など――を醸成する必要がある。

当然のことながら、ランゲフェルトもリットも、昨今の地球温暖化やオゾン層の破壊に代表されるような地球環境問題を直接に意識しているようには理解できない。時代の制約からか、彼らは地球環境問題という用語も用いてはいない。しかしながら、教育学という学問においても、環境学や環境科学、環境社会学、環境倫理学などの環境を冠する学問と同様に、比較的早い時期から環境危機を十分に意識していた教育学者らがいたことは明らかである。そのために欲望をコントロールする必要があるということも認識されていた。

◉欲望を抑制する勇気

もっと明確に、教育における欲望の抑制の必要性とそれを実現する教育のひとつの分野が必要だということを主張していたのは、ヘンダーソン（James L. Henderson 一九一〇～）である。彼は、一九八〇年に日本を訪れ玉川大学で講演とシンポジウムを行ったが、来日中の講演のなかで、「地球村の住人」や「世界史教育」という課題を教室のなかで取り扱う方法を学ぶべきであると主張している。いわゆる今日的な地球環境問題こそ取り上げてはいないが、人口問題やエネルギー問題、公害などを視野に入れた、『人類生存のための教育（Education for Survival）』と邦題が付された書物が、すでに一九八一年に日本で翻訳出版されているのは特筆すべきことである。[*15]

この『人類生存のための教育』においては、人間として抑制しなければならないものがあり、しかも、人間がその抑制ができるようになるためには、人間形成上のある段階――すなわち教育の過程において――加えなければならない要素があるという。加えて、そのような教育の過程がひとつの教育の分野となることが示唆されている。つまりは、すでに教育学においてはずいぶん早い段階から、内面的なコントロールに関する教育の一分野の存在が認識されていたといえよう。

かつて、オルテガ（Jose Ortega y Gasset 一八八三～一九五五）は、われわれ人間とは、われわれ自身とわれわれの環境からなり、生きることとは、そうした環境と交渉を持つことにほかならないと述べている。そして、本来なら人間の内部の声は、「生きるとは、自分が制約されているものを感じること、それゆえわれわれを制約するものを考慮しなければならないことである」[*16]と叫んでいるという。環境という、よい意味においてもまた悪い意味においても、われわれ人間をその内部からもまた外部からも制約するものを十分に考慮しなければならないのである。ところが、現代は、「生きるとは何の制約も見出さないこと」になっているとオルテガは喝破する。

このオルテガの言葉は現在の環境問題を直接に意識しているとは理解できないし、オルテガ自身が強調するように政治的な意図もない。それでも、自分のライフスタイルとその欲望において「何の制約も見出さない」という考えかたを変えなければ、環境の危機は回避できない。具体的には、快楽と消費の欲望のコントロールが必要であるということになろう。

環境問題の解決とは、人間と環境の関係をしかるべき調和がもたらされるようにコントロールすることである。その際、必然的に、人間自身の自律的な欲望のコントロールが求められる。法律や道徳的規範、経済システムなどで人間存在の外側だけから欲望がコントロールされるのではない。内面的なコントロール――すなわち、自ら進んで禁欲することにも十分に目を向けるべきだろう。

●「環境のための教育」を基軸にする勇気

繰り返すが、地球環境問題を解決するための国際的教育戦略として一九七二年以降に政治的に産み落とされた環境教育の本質は、「環境のための教育（education for environment）」というところにある。何をおいても、「環境のための教育」とは、その教育目的論によって他の教育からは区別される。

教育学者らは、環境教育とは、あくまでも「環境のための教育」であると把握している。たとえば、「地球をめぐる環境は危機的状況にある」として、「環境の問題をぬきにして教育は語れない」などと表現されることがたびたびある。現代という時代においては環境と教育との関係があらためて浮き彫りにされる。そのため環境問題と教育の深い関係性[*17]についての論は多い。地球環境問題がもっとも切迫した課題であり、未来の地球の鍵となっていることから、「幸福で豊かな未来を願う『教育』が、この問題を避けて通るわけにはいかないのは、当然のこと[*18]」とされていることもある。教育学の課題として、環境問題の解決が喫緊の問題であることは共通の認識になりつつある。

こうした認識を踏まえ、未来世代のことに配慮した教育学を構築すべきであるといった議論もさかんに行われるようになった。その嚆矢の一人である原子栄一郎は、「持続可能性のための教育」という用語で、民主主義と平和の精神に沿い、原点としての子どもを見つめながら、社会変革のためのエンパワメントを有する教育の可能性を論じている。[19] こうした未来世代への配慮ともいうべき立場の明確化により、多くの日本の教育学者らも、教育が環境問題の処方箋となることを期待している。

他方では、北村和夫のように環境教育が学校変革の引き金になるという立場の研究者も現われた。[20] 環境問題の解決が一人の人間としての生きかたやライフスタイルにかかわる以上、従来の教育の枠組みを再構成するという予見もある。環境教育は「環境変革のための教育」であるのと同時に、「教育変革のための教育」でもある。

それにもかかわらず、一般的には「環境のための教育」としての環境教育の理解はそれほど進んではいない。その理由は二つある。

ひとつには、環境教育が「環境のなかでの教育」や「環境についての教育」にとどまっていたからである。あるいは、そこにとどまるべきであるといった慎み深い態度をとっていたからである。

もうひとつは、学校で環境教育を実践する場合、どのように授業を展開するかといった授業論や教育方法論、教材論やカリキュラム論に関心が集中するからである。もちろん、それらの実践的課題もきわめて重要な課題ではあるが、なぜ環境教育が存在するのか、そもそも環境教育とは何かという本質的な問いを立てることを飛び越えて、すぐさま、どのように教えるかといった方法論や技術論だけが論じられていたからである。

それでも、たとえば「環境教育においては、豊かな自然のなかでの体験学習が重要である」という捉えかたをするとしても、「豊かな自然」とは何かという根本的な哲学的かつ精神的な問題を抱えておかなければならない。そのうえ、豊かな自然は無償で手に入れられるものではない。豊かな自然や環境を創造するための働きかけも必要である。まったくの努力も思索もなしに「豊かな自然」を用意することはできない。つまり、「豊かな自然環境のなかでの環境教育」を実現しようとする場合でも、よりよい「豊かな自然環境」を実現して提供しなければならない。それは「環境のための教育」と密接にかかわる。

これまでに起こってきた環境や環境問題に関するさまざまな事実や、科学的知識を用いて予測される将来の事態について、客観的なデータを示して事実を陳述するような「環境についての教育」も、やはり「環境のための教育」である。「環境について」教えるとき、何をどのような順序でどのように教えるかということが問題になる。意図的計画的に学習活動を構成する意図が教師にある以上、「環境科学教育」もまったく価値とは無縁ではいられない。教育としてなされる場合には、客観的な科学的知識に重点をおくという価値志向的な教育に変貌する。そこに何らかの価値が入り込んでいる。

教師の実践的な教育行為は、科学によって得られた諸知識だけで構成されるわけではない。教師たちは、現実的な授業実践の場を何度も踏み越える経験によって、教育内容を再検討し、新たなカリキュラム開発や教材開発を繰り返す動機づけを発見し、さらによりよい教育のありかたを模索しようとする。「環境についての教育」を行っていても、教育目的を振り返り、「環境のための教育」であることを認識しなくてはならない。

かつて、社会批判的環境教育論を展開したフィエンも、環境問題の根本問題が、私たちの生きている社会や経済、政治といったさまざまなシステムの本質にあるため、そのシステムの仕組みを支える世界観や制度、あるいは生活様式といったほとんどすべてのものを、環境の持続可能性のために方向づけなければならないという、きわめてラディカルな教育目的を持つ教育が環境教育であるとしている。[*21] つまり、「環境のなかでの教育」も「環境についての教育」も、出発点は「環境のための教育」なのである。

慎み深い「環境のなかでの教育」論や「環境についての教育」論にとどまらず、あくまでも環境教育は持続可能な社会を実現するための教育、すなわち、情熱的な「環境のための教育」であるという本質を捉えて、教育する勇気を持たねばならない。

とはいえ、それはミクロ的かつ短期的視点で見る場合とマクロ的長期的視点で見る場合とがある。一方では、ローカルな微視的視点から、日常接している比較的狭い地域社会における卑近な環境問題を解消して、暮らしやすい生活環境を、数ヵ月後から数年後の子どもたちと自分たちのために実現する必要がある。他方では、グローバルな巨視的視点から、環境問題が深刻化していない持続可能な未来そのものといった地球環境を、数百年先の未来世代の子どもたちのために用意しようとする長期的視点から、よりよい環境を残そうという態度が必要である。

両者をともに「環境のための教育」としてひとくくりにはできないが、目前にいる子どもたちの人生の期間のなかで、よりよい教育を実現できるという希望を持ち、勇気を振り絞って環境教育実践に向かわねばなるまい。

日本においては、環境教育の"in-about-for"の区分が定着しており、[*22]総合的にこの三つの分野をバランスよく取り入れた教育として環境教育が理解されるようになっている。[*23]この分類は、環境教育の教育内容が「環境について」であり、教育目的が「環境のために」であり、教育実践の場所が「環境のなかで」行われるという構造的な連関を示したものである。環境教育の領域としては、平板な"in-about-for"という理解で差し支えないが、「目的―内容―方法」として構造的に理解するならば、やはり最も重要なのは目的の「環境のための教育」の部分ではないだろうか。

環境のために教育するといっても、あくまでも、人間がよりよく生きるための環境を整えるという教育が環境教育であることを忘れてはなるまい。子どもたちがただ生存するというのではなく、よりよく生きること、換言すれば、人間がただ生きられるだけの環境ではなくて、よりよく生きられる環境を求めなくてはなるまい。その点で、環境教育という解決方法は哲学的である。何が「よりよい」ことなのかを考察し続けなければなるまい。そして、そのような「環境のための教育」を基軸にした教育を実現するためには、希望と勇気が不可欠である。

註

＊1　E・F・シューマッハー、小島慶三・酒井懋訳、一九八六（原著一九七三）『スモール　イズ　ビューティフル』講談社、一三〇頁。

＊2　D・H・メドウズ／D・L・メドウズ／J・ランダズ／W・W・ベアランズ三世、大来佐武郎監訳、一九七二（原著一九七二）『成長の限界』ダイヤモンド社。

＊3　MITチームとローマクラブについては、J・E・ド・スタイガー、新田功・蔵本忍・大森正之訳、二〇〇一（原著一九九七）『環境保護主義の時代』多賀出版、を参照した。

＊4　C・F・V・ヴァイツゼッカー、座小田豊訳、一九八八（原著一九八六）『時は迫れり――現代世界の危機への提言』法政大学出版局、二四頁。

＊5　ドネラ・H・メドウズ、デニス・L・メドウズ、ヨルゲン・ランダース著、茅陽一監訳、一九九二（原著一九九二）『限界を超えて』ダイヤモンド社。

＊6　アレグザンダー・キング・ベルトラン・シュネーデル、一九九二（原著一九九一）『第一次地球革命――ローマクラブ・リポート』朝日新聞社。

＊7　エルンスト・U・フォン・ワイツゼッカー、エイモリー・B・ロビンス、L・ハンター・ロビンス、佐々木建訳、一九九八（原著一九九七）『ファクター4』財団法人省エネルギーセンター。

＊8　V・E・フランクル、山田邦男他訳、一九九三（原著一九四七）『それでも人生にイエスと言う』春秋社。

＊9　Fromm, E. 1976, *To Have or to Be?*, Bantam Books.

＊10　カール・ケレーニイ、岡田素之訳、一九九三（原著一九七六）『デュオニーソス』白水社、九―二〇頁。

＊11　エーリッヒ・フロム、作田啓一・佐野哲郎訳、一九七〇（原著一九六八）『希望の革命』紀伊國屋書店、三一―三二頁。

＊12　M・J・ランゲフェルト、岡田渥美・和田修二監訳、一九七四『教育と人間の省察』玉川大学出版部、一八四頁。

＊13　前掲書、一八四―一九二頁。

＊14　Th．リット、小笠原道雄訳、一九九六（原著一九六九）『技術的思考と人間陶冶』玉川大学出版部、一〇―一四頁。

＊15　玉川大学教育学科編、一九八一『J・L・ヘンダーソン講演集　人類生存のための教育』玉川大学出版部、四九頁。

＊16　オルテガ、桑名一博訳、一九八五（原著一九三〇）『大衆の反逆』白水社、一〇五頁。

＊17　梠山正弘・田中俊雄編、一九九二『地球環境と教育』ミネルヴァ書房。

＊18　竹中暉雄・中山征一・宮野安治・徳永正直、一九九七『時代と向き合う教育学』ナカニシヤ出版、一四六頁。
＊19　原子栄一郎、一九九八「持続可能性のための教育論」藤岡貞彦編『〈環境と開発〉の教育学』同時代社、八六―一〇九頁。
＊20　北村和夫、二〇〇〇『環境教育と学校の変革』農山漁村文化協会。
＊21　ジョン・フィエン、石川聡子・石川寿敏・塩川哲雄・原子栄一郎・渡部智暁訳、二〇〇一（原著一九九三）『環境のための教育――批判的カリキュラム理論と環境教育』東信堂、四頁。
＊22　Lucus, A.M. 1991, "Environmental Education: What is It for Whom, for What Purpose, and How?", Shoshana Keiny and Uri Zoller (ed.), *Coceptual Issues in Environmental Education*, Petr Lang, pp.27-28.
＊23　今村光章・市川智史・村井尚子、二〇〇一「環境教育及び学会に対する会員アンケート」日本環境教育学会一〇周年記念誌『環境教育の座標軸を求めて』日本環境教育学会、四五頁、を参照した。

第4章

環境教育による社会変革理論構築の試み——「壁」を乗り越えるために

1 人間形成の方向性を検討する必要性をめぐって

◉人間形成の方向性に関する議論の必要性

ダブルバインドを乗り越える前提として、第3章でみたように、希望と教育する勇気が必要である。しかも、第2章で明らかにしたように、環境教育がひとつの方向性に向かうための理論、ないしは、環境教育を方向づけるある種の社会理論が必要である。本章では、試みにそのような理論について検討してみたい。

環境教育の理論を構築しようとする際、人間形成の方向性と今後の持続可能な社会の構築の方向性について考察しなければならない。環境教育において、どのような人間を育てるのか。人間性のなかにあるどのような要素を強調し、どのような要素を抑制するのか。どのような社会を構築する人間を育てるのか。その方法はどのようなものか。

持続可能な社会を構築する際、どのような性格の人間が理想的なのか、またどのような性質の社会が理想的なのかについての議論は必須である。だが、人間形成の方向性が環境教育の領域において検討されることは多くはなかった。

その理由は、いくつかあるだろうが、そのうちのひとつは、人間形成の方向性とは非常にあいまいなもので、普遍性や妥当性を明らかにできるものではないからである。しかも、環境教育における人間形成の方向性――すなわち、どのような性格を持った大人に育てるのか、どのような暮らしをする生活者を育てるのか、どのような生きかたをする人間を育てるのか――ということは、科学的知見から論理的に演繹することが可能なものではないからである。たしかにそれは、社会科学的実証から客観的に導き出される性質のものではない。哲学的倫理学的な論証から主張されるものでもない。つまり、筋道がきっぱりと通った誰にでもすぐに了解可能なものではないのである。理想的な人間像とは、抽象的かつ形式的な人格に関する期待であり、正面からは反論されにくいが、さりとて空理空論にすぎないという批判を受ける。

あるいはまた、内容を議論することなしに、理想を掲げることそれ自体がきわめて危険であるとして退けられることもある。理想的な人間像を掲げたような教育は、本来の教育ではなく強制であるとか、あるいは価値の刷り込みにすぎないとか、環境ファシズムの危険性があると反論されることが予見される。ある種の理想を掲げて環境教育を構想する際には、どれほど注意深く予防線を張っても手ごわい反論に出会う。

しかしながら、ダブルバインドを乗り越え環境教育の意義を再発見するためには、学校教育において支配的な論理に対抗するような新たな環境教育の論理を検討しておかねばならない。それというのも、容易に思い浮かべられることであるが、ダブルバインドから脱出する一番の近道は、二つの方向性のうち一方を否定し、もう一方の方向へと完全に向きを変えることであるからである。そのため、あくまでも理論上と断った上で、環境教育で育てるべき人間像を考察し、それがダブルバインドを克服する手がかりとなることについて検討してみよう。

先走るようだが、環境教育において理想的な生きかたを示すことは危険であり、多くの問題をはらむ。それでも、市民がコミュニケーションを十分積み重ねた上で、民主主義的な方法で、環境を守るための教育のありかたや、その際に目指すべき価値観や社会について合意を形成し、その上で、慎み深く掲げるような性格に関する理想ならば、それほど大きな問題は生じないだろう。

つまり、理想を掲げることを目的とせず、ひとつの契機としてコミュニケーションが活性化するような議論を提示してみたい。少なくとも、環境教育においてどのような人間を育てようとするかについて、コミュニケーションや議論をしなければならない。本章はその布石となるものである。

◉現代教育における人間形成の方向性とは異なった方向へ

本章では、上述のような意図から、エーリッヒ・フロムの論を基底とした人間形成の方向性に関する検討を試みたい。人間形成の方向性とは、教師が抱く教育目的の実現のためのおおまかな方向である。ある教育目的を実現するために価値のあるものや役立つものを教師は意識する。学習者がなんらかの価値観や態度を獲得した場合、結果としてそれらを外から眺めて判断する際には、性格――あるいは人格――という用語を用いて把握する。つまり、ある教育目的を遂行するためには、ある種の性格を有する人間形成が必要である。そうした人間ならば、教育目的に照らして望ましい価値観を有し、望ましい行動をすることが期待できる。

そのおおまかな方向性について考察する際、注意すべき点が二つある。

ひとつは、教師はある一連の行動を促すことによってある人格を形成しようとするが、この過程には学習者の意志も十分に生かされるので、決して一方的な教え込みではないという点である。

もうひとつは、教育目的の実現のために完成された性格というものが存在するわけでもない点である。必ずしも形成された結果としての性格だけが意図的計画的に目指されているわけでもない。最終的な完全性があるわけでもない。

それでも、教育においては、教師の人間形成の方向性は非常に重要である。

簡単にいえば、この人間形成の方向性とは、環境教育という領域において、その教育目的を実現する上で役立てられ目標とされるような「活用できる人格理想」といったものである。それは、すでに教育実践のなかで「活用されている人格理想」とは異なるはずである[*1]。そのため、どのような人格を持った人間ならば、持続可能な社会の構築に役に立つのかを考察しなければならない。知識や経験を積むばかりではなくて、結果として、持続可能性の高い社会を維持する人間を育成する必要が環境教育にはあるからである。

一方では、現在の教育において一般に通用している「活用されている人格理想」も存在する。それにむけて人間形成を行っているからこそ環境問題が引き起こされているとも考えられる。たとえば、「活用されている人格理想」とは、高学歴を得て、いい労働者であると同時に、いい消費者になって、豊かで便利な消費生活をするということを人生の目標としているような性格を持った人間のことである。だからこそ、環境問題が生じたということになる。

そのように考えれば、そこにもダブルバインドがあることがわかる。環境教育のために「活用できる人格理想」と現代社会で「活用されている人格理想」が異なるのである。学校における環境教育は、両者に二重に拘束されているダブルバインド状態にある。それを明確にするためにもこうした理想の検討が必要である。しかも、こうした理想の変更により、環境教育が実効性を有することに期待が持てる。

残念ながら環境問題の解決に「活用できる人格理想」については合意がなされていない。議論も多いとはいえない。それゆえに、何に価値をおく人間を形成するのか、どのようにその価値に導くのかという議論を試みてみよう。だからこそ、ダブルバインドを乗り越えるためにも、現代社会において支配的となっている方向性とは異なった人間形成の方向性について検討する必要がある。

2 フロムの基本的立場

◉フロムは人生の教師である

フロムが一九七〇年ごろから憂いていたように、地球環境が危機的な状況になり、彼の未来社会へのメッセージがますます重要なものとなりつつある。[*2] 彼の社会変革論は、今こそ出番であるように考えられる。そこで、やや遠回りになるが、フロムの社会理論の枠組みを環境教育に受容するための準備として、まずはフロムという思想家の特徴を簡単に把握しておこう。

フロムは精神分析と社会心理学的手法を用いて人間の在りかたを研究してきた人物である。[*3] だが、彼の後半生は、消費や環境破壊による危機について警告し、そのような危機に対する処方箋を出し、人間と社会の在りかたについて道標を示すことに費やされた。彼は、一九五五年には、『正気の社会』[*4]で、消費による人間の精神的疎外を指摘し、一九七二年には、『生きるということ』[*5]で、人類の肉体的生存の危機を指摘し、その回避を目指す方法を提示したのである。フロムは、生きるということに希望と勇気を与えてくれる「人生の教師」[*6]であった。

彼の特徴は、なんといっても、一般の大衆を対象にした読みやすい著作を次々と著して、わかりやすい理論を展開したことである。フロムは一九四一年に『自由からの逃走』[*7]で名声を博し、『愛するということ』[*8]や『生きるということ』で大衆に人間の生きかたを示すことで衝撃を与えた「流行作家」でもある。

しかも、『正気の社会』や『希望の革命』[*9]といった著作では、政治学や社会理論へ一時的侵入を図った「好事家」であると見なされることもある。[*10] 彼は、どちらかといえば、精神分析の本流から離れ、研究者や学者というよりも、むしろ大衆作家として評価されがちである。

だが、一般の人々にむけてわかりやすく書物を書いたからこそ、多くの人々が現在の人間の生きかたとは違った生きかたがあることを理解した。フロムには、人間を善なるものへと導いていこうとする強い啓蒙的姿勢がある。平易な言葉で教えようとした点で、彼は教師であるともいえるのである。

彼は、自分自身の精神分析の実践から深い人間性の淵を覗かせる。厳密な意味での実証性には欠ける点もある。しかも、社会理論としても完全な理論を作り上げてもいない。それだけに弱点も多い。だが、そうした点を差し引いても、フロムの理論は環境教育と教育学の理論として検討するに値する。

たしかに、フロムを直接に環境教育と関係づけることはできないかもしれない[*11]。しかし、社会学的分析の見地から、人間は生活する際の社会的経済的条件によって、ある種の性格を形成するようになるという点では、教育と不可分に関係している。つまり、人間は生活体験と社会関係の産物であり、生活様式および社会経済的構造と相互に力動的に形成しあう存在であるという点は、教育において受けとめなければならない点である。

しかも、ダイナミックな過程で社会的性格（social character）が形成されるとはいえ、比較的客観的で不変な無意識的な力が人間にあり、その力との力動的関係によって社会的性格が決定づけられていることが、彼によって明らかにされた。とりわけ、社会的性格を方向づける二つの潜在的な「存在様式」を明確に示したことがフロムの功績である[*12]。しかも、フロムは明確にその一方を肯定的に評価しているのである。こうした点で、フロムは人類にとって、人生を教えてくれる教師であったといえよう。

◉フロムが単純な二分法を好む理由

従来、フロムは「自発性」と「受動性」[*13]、「生産性」と「非生産性」[*14]、「バイオフィリア」と「ネクロフィリア」[*15]といった二つの要素で、人間の善性・悪性を原理的に説明してきた。後述する二つの様式というアイデアもこの延長線上にある。

もっとも、このようなフロムの人間観は、決して固定化したものではないし、単純なものでもない[*16]。だが、フロムは、人間の善性と悪性を二分法で示す。それらは二つの「存在様式」に集約できる。両者はともに人間の人間性そのものに含まれる潜在的な可能性であり、人間が生きていく上での生物学的な諸条件に根差した必要不可欠の様式である。ゆえに、そのどちらもが人間の社会的性格を決定づける。

二つの「存在様式」は、どちらも生物学的に物を食べ住み着るという、所有しなければならない人間の本性と、少ないながらも食べ物を分け合って食べなければ生きられなかった生物学的な条件に根差す人間の潜在的可能性である。どちらも必要不可欠なものである。

それでも、フロムは、善性を示す「在る存在様式」に価値をおき、それがやがて開花することを信じている。彼自身は「人間は何が善であるかを知ることができ、そしてしかも自らの本能的な可能性を理性の力にしたがって行為することができる。人間性は先天的に善なのである[*17]」と述べる。ここで示されているように、フロムにおける「人間性」は理性の援助を受けつつ善なるものへむかって開花する先天的性質を有するものとして把握される。

フロムは社会学者でありながら、相対的で価値中立的な見方をしなかった。正気の社会という表現でも理解できるように、普遍的な規範が存在するといった規範的人間主義の立場に立脚している。ある意味でそれは、彼が教師であったということでもある。たとえば、「人間こそ万物の尺度」であり「人間存在より高次で崇高なものはない[*18]」と彼はいう。こうした彼の立場は、簡単にいえば「在る存在様式」が優位となる社会的性格の形成とそうした成員が大部分を占める社会が出現するというユートピア像として理解できる。それが、現代的な意味でいえば、持続可能な社会の人間像であり、社会像でもある。

このような単純化された人間観はフロムのどの著作にも見受けられる。だが、晩年に整理された二つの「存在様式（mode of existence）」と、その一方である「在る存在様式」にフロムが価値をおいていたとまとめることができる。そしてフロムが単純な二分法を好むのは、大衆にむけて平易に語りたいからであり、しかも、その一方に肩入れしているからなのである。

3「在る存在様式」の環境教育への受容を目指して

◉二つの「断絶」とその克服の必要性

フロムの理解を深めるために、やや難解な部分もあるが、次にフロムが抱いていた人間像を跡づけておこう。彼は、理性によって自然から解き放たれた「独立した存在者（a separate entity）」として人間を把握する。つまり、動物的な調和を失い、自然との「断絶（split）」を余儀なくされた存在であると考える。

次に、彼は、自己意識、理性、想像力を備えるがゆえに、意識と理性の対象たる自分自身とも「断絶」した存在として人間を理解する。このように二重の「断絶」――すなわち、自然との断絶と自分自身との断絶という二つの断絶――のなかにある存在者として、フロムは人間を理解している。

そして、人間が自然と「断絶」しているがゆえに、その「断絶」を修復しようとする試みと、人間自身と「断絶」しているためにそれを埋め合わせようとする試みをする存在が人間であるとしている。こうした「断絶」に向かい合い、それを克服しようとして調和をもたらそうとする努力こそ、人間の諸力の源泉であるとフロムは考えている。[*19] もっとも、これらの「断絶」を克服するには、人間は無限の努力を強いられるが、その過程に終着点や完成があるわけではない。[*20]

しかし、こうした「断絶」を克服しようとする努力によって、絶えず自らの内に働きかけ、そのつど変容する自己に再び働き返すことで、極限的な意味での調和の状態に接近する。フロムにとって、「断絶」を埋め合わせたいという自己証明の欲求は人間を成立させる基本的な強い情動でもある。

この「働きかけ」に成功し、調和を獲得した場合、人間は世界と一体化したり、「自己実現（self-realization）」を果たしたりして、人間のあるべき姿となる。だが、あるべき姿に逢着することができなくとも、少なくとも人間は、真の世界との一体化や自己実現ではないが、別種の意味での同様な「二次的な自己意識（a secondary sense of self）」[*21]といったものを掴んで自分自身を救い、完全な非人間化だけは回避するという。

以上のように、フロムは、人間には二つの「断絶」があり、それを克服しようとする存在であると考えている。そこに「在る存在様式」と「持つ存在様式」の原像を辿ることができる。

◉社会的性格論

フロムは、社会的性格論でも有名である。そこで次に社会的性格論を概観しておこう。

社会的性格とは、ある時代のある社会の大部分の成員が有する共通の性格である。フロムによれば、社会は、その社会経済的構造を維持し再生産するための性格を、その社会の大部分の人々が持つような仕組みを作り上げ、そうやって作り上げられた社会的性格が、日々の基本的生活様式に影響するという。逆に、ある種の基本的生活を送っていれば、自然とその社会で共通の社会的性格が形成され、結果的にそれが社会経済的構造を強化するというものである。つまり、社会経済的構造と社会的性格、基本的生活様式は連動しているという理論である。

『自由からの逃走』では、社会的性格は全体主義の心理的分析に用いられていた。社会経済的構造の維持装置が社会的性格だったというわけである。だが、『生きるということ』では、社会的性格を教育やその他の方法で変化させることができれば、逆に、社会変革のきっかけをつくりだすことができると強調される。つまり、社会的性格は、社会集団の「安定剤（cement）」ともなれば「起爆剤（dynamite）」ともなる。フロムの社会的性格論は、社会変革を試みようとする社会理論ともいえるのである（図４）。

図4　フロムの社会的性格論

晩年のフロムは、社会的性格の下位構造を、明確な二元法で在る存在様式という形で明らかにし、それらが「人間性」に由来することを示している。社会的性格が人間存在に本来的に根差す「持つ存在様式」と「在る存在様式」によって方向づけられると主張する。つまり、社会的性格は、社会構造と生活習慣によって力動的に形成される部分もあるが、その一方で、社会的性格を特徴づけるのは二つの「存在様式」であるという。そこにフロムの規範的で固定的な人間観が見える。

「存在様式」は、社会的性格を決定づけるばかりではなく、人間存在の生の全体性――生活、社会、経済、文化、経験――のありかたを左右する必須の二つのベクトルである。人間の社会的生活はこの二つのベクトルの和として示され、しかも、そのどちらの存在様式が優位であるかによって、社会経済的構造と基本的生活体験も影響を受けるというのである（図５）。

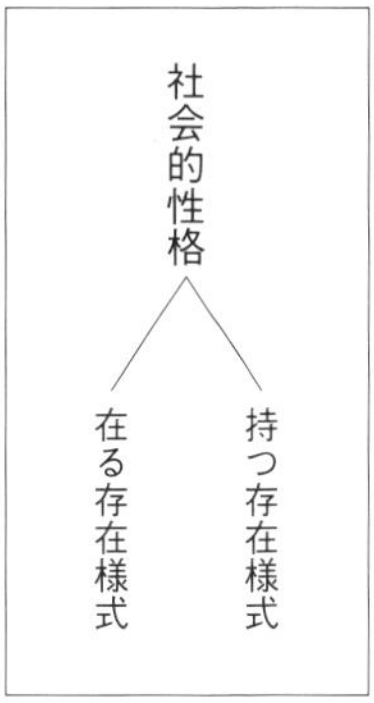

図５　二つのベクトル

つまり、社会的性格はまったく自由な変化するのではない。フロムは、人間はそれ以上には破壊できない基本的な性質を持ち、それらによって社会的性格が構成されているという。*[22] かつてフロムが最初に社会的性格論で明らかにしたのは、ある時代におけるあるひとつの集団に共通の性格の母体であった。*[23] それが、特定の社会の人間の性格とエネルギーをその社会が持続するように機能するといった意味で、「安定剤」としての機能を果たしたという。

しかし、社会的性格は、人間存在に本来的に根差す二つの基本的な存在様式、すなわち「持つ存在様式」と「在る存在様式」の支配する割合に応じて変化するという。[24]その様式はともに「二分性」を克服しようとする人間の努力に由来する。フロムにおいては自己と世界を理解しそれに意味づけをしようとする人間の生への努力の方向性は、「持つ存在様式」と「在る存在様式」という二つのベクトルで決定づけられているのである。

◉「持つ存在様式」と「在る存在様式」とは何か

社会構造によって「持つ存在様式」の方向づけが優位な場合、経済的社会的にも生活体験が「持つ」ことによって支配される。そのとき人間は、「私がそこに存在するのは、私が持つものと私が消費するものと、私自身が同じであるからだ」という形で自己を認識する。[25]つまり、世界と自己に対する自分自身の関係が、所有し占有する関係である場合、つまりは、すべての物を自分の財産としようとする欲望に駆られている場合、その態度は「持つ存在様式」に優位に支配されている。[26]それは、フロムのいうところの「二次的な自己意識」を獲得するという手段をとって、完全に非人間的な存在にならないようにするための方策である。そしてこうした疎外された自己感により、「持つ存在様式」が優位となる社会的性格が成立する。それが現代社会の社会的性格である。

たとえば、現代人は、いい車を所有したいとか、貴金属やアクセサリーを身につけたいとか、いい服を着たいという欲望を持つ。そして、そうした所有物が素晴らしければ素晴らしいほど、自分が存在することに満足感を覚える。こうした場合は、「持つ存在様式」に支配されているといえる。もちろん、「持つ存在様式」が優位な社会的性格が支配的であるとすれば、資本主義社会も安定する。生活様式もそれに合わせて浪費的なものになる。

しかしながら一方、人間が真の本性から導かれた生産的仕事・愛・思いやり、他人と与え分かち合い犠牲を払う意志によって「我在り」と感じるとき、人間はすでにもうひとつの「在る存在様式」を経験しているという。フロムの言葉でいえば「在る存在様式」とは、「人が何も持つことなく持とうとすることもなく、喜びにあふれ、自分の能力を生産的に使用し、世界とひとつになる存在様式[*27]である。「在る存在様式」で我在りと感じるには、ナルシシズムや自己本位な考えかたを改めなければならず[*28]、しかも、ただ単にひとりで存在するだけでは不十分である。必ず他者や何らかの「仕事」とつながって存在することが必要である。

この場合、「在る存在様式」は、自分のなかにある諸能力をいかんなく発揮するという意味での「自己実現」、すなわち、「在ること（to be）」だけではなく、“to become”こと、つまり、自分自身になるということであると考えられる。たとえば、美術的な才能を持った人がその能力を発揮して絵を描くとき、人は「在る存在様式」のなかの「自己実現」で生きているといえるだろう。ある人間に固有の内面的な能力を発揮した結果得られる「仕事」に対する「関係性」によって我在りという感覚が満たされる場合もある。つまり、芸術家のように、自分自身の内面にある創造性を現実化する自己実現も「在る存在様式」のひとつである。

他方、もうひとつの「在る存在様式」もある。それは、「共在」（共に在る）――すなわち、他者（あるいは世界）とともに存在する――という生きかたである。具体的にいえば、他者と同じ風景を見ることといった深いコミュニケーションによってもたらされる満足感や一体感を基盤とするものである。「共在」とは、比喩的にいえば、心のなかに同じ風景を見るという経験である。もちろん、それは他者への思いやりや犠牲、分かち合いや奉仕といった人間的行動でもある。

時に、わたしたちは、他者と分かち合い理解し合ったという経験で、自分がそこにしっかりと存在しているという実感を持つ。深いコミュニケーションともいうべき深遠な共感が「在る存在様式」の基本である。これは「在ること（to be）」だけではなく、“to be with somebody”という関係性である。「同じ風景を一緒に見る」という経験によって「我在り」という感覚を取り戻す方法が「在ること」なのである。

このように、「在る」ことには、「自己実現」と「共在」という二つの異なったレベルがある。振り返ってみれば、現代人の多くは「所有」で生きてきたともいえる。自分が持つ財産や地位、名誉や快楽といったものに依拠しながら生きてきた。しかし、こうした別の「存在様式」があることをあらためてフロムは教えてくれる。

◉「在る存在様式」へいたる道

二つの「存在様式」は、人間存在に内在する二つのベクトルであり、そのうちのどちらかが優位となれば、もう一方が劣位となる。「在る存在様式」にいたるには、まずは「持つ存在様式」を認識し、変わる意志と勇気を持ち、それを減らすことが第一段階である。

次に、「私はある＝私がする（I am what I do）」ことという真の自発的な人間的行動をなしえることが重要である。単純に「私は私だ」ということではなく、なんらかの人やものと関係性を結び、そのなかで自分が自分であることを知ることが「在る存在様式」なのである。[*29]

このように、単に自己、消費財、快楽、他人を象徴的な意味で「持つ」ことで、「我在り」という自己感を持つのではなく、真の疎外されていない自己へと、その自己の存在を「持たれていない」あらゆる世界に関係づけるといった「関係性」が、「在る存在様式」の中心である。こうした「関係性」は、「関係性」の網の目である共同体や社会で満たされうると考えられる。たとえば、他者と心を通じ合わせるディープなコミュニケーションをすることもひとつのありかたであろう。

しかし、現実的には「在る存在様式」の理解には困難が伴う。そのひとつは、フロム自身も「在る存在様式」は言葉では表現不可能で経験を分かち合うことによってのみ伝達可能としているように、[*30]共通体験を記述することが困難であるという点にある。つまり、言葉を超えたコミュニケーションで「共にそこにいた」「つながりあった」という感覚を、言語で記述することはできず、それを体験するしかないということになる。こうした困難を乗り越えるためには、そうした「在る存在様式」といったものを経験した人間が、互いに深いコミュニケーションを試みていくしかないであろう。

「在る存在様式」を理解するのが困難なもうひとつの理由については、フロムの遺稿管理責任者のライナー・フンク（Rainer Funk）の次の叙述が参考になる。

「持つ存在様式を生み出す経済的現実を変えることなしに、個人がただ知覚・意識における精神的な福利と発達、自分自身の分析を求めればよいといった意味」で誤解されるのをおそれていたために、フロムは“*To Have Or To Be?*”の植字原稿から「在ることへの歩み（Steps toward Being）」とでもいうべき一章を省いたという叙述である。[*31]

この叙述から、「在る存在様式」が人間存在に根差す存在様式ではあれ、現代社会では十分に体験されず、社会の変革と同時に真に理解されると解釈できる。社会構造の変革や基本的生活習慣を変えることなしに、「在る存在様式」だけを実践することは難しいということである。

たしかに、人間と社会とのダイナミックな相互関係や、「在る存在様式」が社会変革によって真に理解され実践されるという点を無視することはできない。しかし、すでに私たちの内に「在る存在様式」がある。そうした感覚を持っていれば、「在る存在様式」の素晴らしさを体験し、それが優位となる性格形成を目指すことも可能ではないだろうか。当然のことながら、「在る存在様式」が優位な社会的性格の形成が進めば、それは社会変革への「起爆剤」となる。彼は最終的には「在ること」の優位に根差す人間の性格構造の変化を提唱する。そのとき、基本的生活体験と社会経済体制も変革する可能性がある。仮に、「在る存在様式」の自覚化を進め、それが優位な社会的性格の形成を目指すとすれば、社会変革へのエネルギーが供給される。

もとよりフロムには、社会体制のために人間を手段にするべきではないというタルムードの教えを忠実に引き継いでいる。そのことも十分に念頭においておく必要がある。

◉「在る存在様式」が優位な社会的性格を形成するのが環境教育の役割

以上のようなフロムの社会的性格論と二つの存在様式を社会変革論として理解することができる。こうしたフロムの社会的性格に関する理論と環境教育との関係を容易に理解するために、図式化すると次の図6のようになる。

この図で示されるように、フロムは、精神分析の実践と社会理論から、「人間性」への二つの潜在的なありかたを示し、しかもそれを社会的性格論と結び付け、環境教育にも受容できる社会変革論へ展開しうる可能性を開いている。

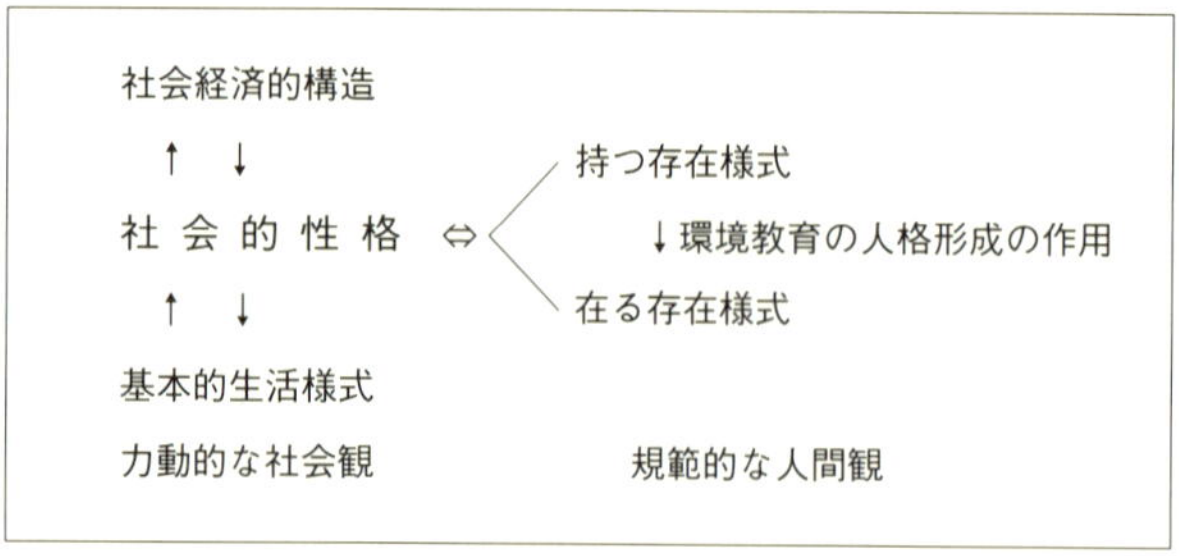

図6 フロムの社会的性格論と二つの存在様式の関係

この図の左側は、社会的性格は、基本的な生活様式、すなわち生活習慣やライフスタイルと社会経済的構造との相互関係によって形成されることを示している。フロムの力動的な社会観を示しているともいえる。この場合、教育システムと同様、社会的性格は社会経済的構造の「セメント（安定剤）」であり「ダイナマイト（起爆剤）」である。

図の真中で示しているのは、フロムの規範的でやや固定的な人間観である。大衆にわかりやすい論理で語りかけようとしたフロムは好んで二元論を用いたが、ここでも社会的性格の構成要素が二つに絞られている。この単純さが彼を一般的な意味での心理学者に押し上げた理由であるが、単純化しすぎているという批判もあるだろう。

だが、彼は、人類の肉体的かつ精神的な生存の危機を見抜き、その処方箋を書こうとしていた。フロムは、環境問題を招来させた「持つ存在様式」ではなく、自然や同朋とともに生きることに喜びを見出す「在る存在様式」が優位な社会的性格を形成できれば、社会経済的構造も基本的生活習慣も変化し、環境問題が解決できるというわかりやすい処方箋を提示する。

フロムの指摘を踏まえていえば、「在る存在様式」を体験することによって、人間は社会的生活をする上で、「持つこと」や「消費すること」ではなく、自分らしく在ることや、自分と他人の間に関係性を築くことを求めるようになるように思われる。その意味で、環境教育の基本的な人格形成の方向性も図の右端において見出せる。

環境教育によって、「持つ存在様式」ではなく「在る存在様式」に根差した社会的性格を形成するように働きかければ、基本的生活様式も社会構造も変化し、よりよい生活環境を構築することが可能であろう。つまり、環境教育は「持つ存在様式」が優位な社会的性格の形成をするのではなく、「在る存在様式」が優位な人間形成をすることによって、社会的性格を変化させ、その結果、社会経済的構造も、基本的な生活習慣も変容させることができるというのである。

もっとも、「持つ存在様式」を減らすことが「在る存在様式」の認識や増加に直結するとは考えにくい。また、「在る存在様式」で生きる人間が増えれば環境問題が解決するとも断言できない。その点については十分な注意が必要であることはいうまでもない。

◉「在る存在様式」は「幸福」を考えるためのヒント

このように、人間形成や人格形成の立場から環境教育をフロムの社会変革論とともに構想するとき、次のような二つの課題が生じる。

第一に、「在る存在様式」で、個人の幸福感や自己実現、人間的成長が達成されるのかどうかという問いが立てられる。仮に、生活面での消費制限を推進し、「持つ存在様式」で自己確認が不可能となれば、人生の目標が最大限の快楽を得ることであるといった心理的前提が揺り動かされる。それによって幸福感を抱いていた人間にとって、真の自己実現や人間的成長がもたらされるかどうかが問題となる。その際、あらたな自己のありかたを示さなければならない。「持つ存在様式」の割合を減らしていくだけではなく、それ以外のありかたを考察し示す必要がある。いいかえるならば、自分自身の「幸福」を求める必然性に逢着する。

その「幸福」とは、自己実現であったり、「共に在る」ことである。「幸福」のありかたの多様性は、それぞれの存在の豊かさでもある。快楽を得る「持つ存在様式」の自己充足とは異なったありかたを「幸福」として感じることが大切になる。このように考えれば、人間としての自己の「幸福」を再設定し、その新たに設定し直された「幸福」を実現する能力を持つことが求められる。つまり、環境問題を解決するために「持つ存在様式」の割合を減らすということは、「幸福」の再設定とその設定された「幸福」の実現ということになる。その際には、ひとりひとりの多様な「幸福」のありかた――存在の豊かさ――を認めていく社会が必要であろう。

第二に、社会の変化に責任が負えるのかという問題も投げかけられるだろう。「存在様式」の変化は、個人の日常生活の変化や消費行動、自然に対する態度だけではなく、社会と経済のありかたまで変革すると予想されるからである。仮に、環境教育によって「在る存在様式」が優位な社会的性格の形成が可能になった場合、生産消費活動が不活発になる。そのため経済的打撃はかりしれない。そうした経済的打撃に責任が負えるのかどうかといった疑問が投げかけられるに違いない。

こうした問題を回避するためには、社会的な変化にいたるまでのプロセスを整備するほかない。つまり、仮に「在る存在様式」が優位な社会的性格の優位な社会を構築する教育を施す前に、そうした社会に向かう意思決定までの合意形成の手続きとプロセスを周到にしなければならない。もし、民主主義的かつ公正・公平な方法で、「在る存在様式」が軸となる社会の構築を求めていくという市民の意思決定がなされれば、その結果として生じる社会の変化の責任問題を追及されることはないだろう。その際には、経済的発展がなくても「幸福」に生きていける社会を構築することを自分たちの手で選んだということになるだろう。

このように所有を中心とした生き方から、自己実現と共在とを目指す生き方にパラダイム・チェンジする際のプロセスはきわめて重要である。なぜなら、個人の生き方だけではなく、社会経済的構造、社会的性格、および、基本的生活体験が総合的に変わるような刺激が与えられることになるからである。そのため、こうしたプロセスを促進するには、社会全体にとって「幸福」とはなにかを考えなければなるまい。

最後に、付言しておけば、「在る存在様式」を教える教育システムを模索し、具体的な方法を示すことは行き過ぎである。無益でもあるだろう。「在る存在様式」が優位な社会的性格の形成によって、環境問題が解決するという保証はどこにもないのである。

それでも、社会的性格は教育を通じて形成される部分が多い。教育と社会的性格の形成とは密接である。このまま「持つ存在様式」を優位にする基本的生活体験を教育の中心におくのではなく、悲観論にも安住せず、「在ること」を体験し、「在る存在様式」を優位とする環境教育の可能性を理解しておくことが大切だろう。「在る存在様式」が存在するということと、私たちが一般に「持つ存在様式」が優位な社会的性格で行動していることを自覚することが、まずは重要である。

簡単にいえば、現在の環境教育というダブルバインドの「壁」を正面から突破する秘策はない。市民的なコミュニケーションのプロセスで、環境教育とは何か、どのように進めるべきかという問いを保持しながらコミュニケーションを進め、それが民主主義的な方法で教育政策に現実的に反映されるまで、長期的な戦いを続けていくというスタンスをとるほかないだろう。

第Ⅰ部では、環境教育のダブルバインド状況を説明し、希望と勇気、「在る存在様式」の視点が必要であることを主張した。荒削りで難点も多い筋立てであった。こうした議論から、最後の終章でくわしく検討するように、環境教育の臨界が垣間見えるように思われる。

註

＊1　この点については、佐藤学、一九九八「教員の実践的思考の中の心理学」佐伯胖・宮崎清孝・佐藤学・石黒広昭『心理学と教育実践の間で』東京大学出版会、を参照した。

＊2　この点については、Funk, R. 1994, *The Erich Fromm Reader*, Humanities Press International. を参照した。

＊3　フロムは、一九三〇年から一九三八年までフランクフルトの社会研究所に属したことから、ホルクハイマー（Max Horkheimer 一八九五～一九七三）やアドルノ（Theodor W. Adorno 一九〇三～一九六九）、マルクーゼ（Herbert Marcuse 一八九八～一九七九）らと並んで、フランクフルト学派や批判理論の論者の一人として名をあげられる。他方、彼は、マルクス（Karl Marx 一八一八～一八八三）とフロイト（Sigmmund Freud　一八五六～一九三九）の発見を継承し融合した社会的心理学者として、渡米後、ホーナイやサリバンなどとともにネオ・フロイディアンの一人として称せられることもある。しかし、それとても彼に冠する主流の呼び名ではない。フランクフルト学派に属したことも、ネオ・フロイディアンであったことも彼の仕事の一部を表すにすぎない。とはいえ、社会学と精神分析的分野の両方に跨がって多くの偉大な仕事をした思想家であることは間違いない。

＊4　Fromm, E. 1955, *The Sane Society*, Fawcett Premier.

＊5　Fromm, E. 1976, *To Have Or To Be?*, Bantam Books.

＊6　E・フロム、佐野哲郎訳、一九七七（原著一九七六）『生きるということ』の「訳者あとがき」二六七―二六九頁、紀伊國屋書店。

＊7　Fromm, E. 1965, *Escape from Freedom*, Avon Books.

＊8　Fromm, E. 1956, *The Art of Loving*, Harper & Row, Published.

＊9　Fromm, E. 1968, *The Revolution of Hope*, Harper & Row, Published.

＊10　Brooner, S.E. 1992, *Fromm in America*, Michael Kessler/Rainer Funk (Hrsg), Erich Fromm und die Frankfurter Schule, Francke Verlag GmbH Tubingen, p.44.

＊11　教育学との関連については、Claßn, J. 1987, *Erich Fromm und die Pädagogik*, Beltz Verlag Weinheim und Basel を参照した。

＊12　Claßn, Ebd. s.7.

＊13 Fromm, E. 1965, pp.304-327.
＊14 Fromm, E. 1949, *Man for Himself*, Ark Paperbacks, pp.38-39, pp.40-44.
＊15 Fromm, E. 1973, *The Anatomy of Human Destractiveness*, An Owl Book.
＊16 Brooner, op. cit. p.44.
＊17 Fromm, E. 1949, pp.210-211.
＊18 Ibid., pp.13-14.
＊19 Ibid., pp.40-50. Fromm, E. 1976, p.92, p.96.
＊20 Fromm, E. 1949, pp.40-41.
＊21 Fromm, E. 1976, p.15.
＊22 Fromm, E. 1949, pp.21-24.
＊23 Fromm, E. 1965, pp.304-327.
＊24 Fromm, E. 1976, p.12.
＊25 Ibid., p.15.
＊26 Ibid., p.65.
＊27 Ibid, p.6, pp.87-90.
＊28 Fromm, E. 1993, *The Art of Being*, Constable.
＊29 Ibid., p.117-119.
＊30 Fromm, E. 1976, p.15.
＊31 Fromm, E. 1993, p. vii.

II

すでにある環境教育の再発見と再構築

第5章

わたしが体験し実践する既存型環境教育——日常生活のなかにある環境教育

1 理念型環境教育のメカニカル＝テクニカルな側面

◉理念型環境教育に対するダブルバインド的な感情

環境教育を専門にした研究者を志してしばらく、わたしは、環境教育を体験した子どもたちが環境にやさしい行動を起こし、ライフスタイルや社会システムを変えて「環境変革（社会変革）」を起こすという筋立てを求め、いわば「環境教育という物語」を語ろうとしてきた。同時に、環境教育が、環境問題を生み出した産業社会の再生産装置としての学校教育システムの反省と刷新を促進するというサブストーリーも語ろうと欲張った。

しかしながら、いま、わたしは学校における環境教育が手段化され、環境問題の解決のために実効性をあげるという道具的な方向に傾くことに違和感を抱いている。環境教育によって学校が変わる可能性はあるとしても、学校を変革するという目的のために環境教育を道具として用いることにはためらいを感じている。

科学的思考を基盤に、環境問題を解決する人間を工学モデルで「制作」できるという環境教育プロジェクト、すなわち理念と目的・目標・計画・評価をともなっている広い意味での実行計画、たとえば、持続可能な開発のための教育（ESD）の構想など国際政治やグローバルな言説の申し子として出現した環境教育のありかたの前提と、その前提に基づく「語られかた」は、わたし自身が望んでいる「語りかた」とはかけ離れつつあるように思えてならない。

いま、わたしは環境問題を解決するという教育目的とそのための計画性を有する理念型の環境教育の発展に戸惑いを隠せない。第4章で述べたように、市民のコミュニケーションを通じて、民主主義的な方法で、環境教育の政策を決定するプロセスを進めることには賛成である。だが、環境教育を手段とした社会変革のための理論を準備したり、プロジェクトを立案して実行したりすることにためらいを感じている。人間を対象としてある環境教育プロジェクトを立ち上げ、「ある種の教育を施せば、環境問題が改善される」という思考方式で人間を育てることに違和感を覚え始めている。

なぜ、わたしは、環境教育の推進者として研究を進めながらも、ときとして環境教育の推進にためらいがちになるのか。その問いにできるだけ正直にこたえるために、環境教育そのものを論じるよりも、まずはそのプロジェクトとしての「語られかた」を検討してみたい。そして、わたし自身が語ろうとしている「もうひとつの環境教育」を語ってみよう。

加えてこの章の後半では、家庭における既存型環境教育とわたしとの関係についてエッセイ風に物語ってみたい。その語りのなかで、わたしが環境教育プロジェクトに対してある種の違和感を抱いていることをお伝えし、すでに忘れ去られてしまっているかもしれない家庭における環境教育の営みを語り直していきたい。本章では、とくに後半で、これまでの章とは文章の体裁や趣が少々異なる。わたしという主語が頻繁に登場し、論文という体裁とはほど遠いという印象を持たれるかもしれない。だが、自分に合った「語りかた」をするためであることをお断りしておきたい。

◉環境問題の語られかた

地域的な環境問題は、産業社会の発展とほぼ同時に発生しはじめ、その科学的実証的な原因究明にはかなりの時間が費やされた。そのために問題が深刻化し、犠牲者は多数におよんでいる。それでも、比較的狭い地域の環境問題の場合、その因果関係は、ある程度まで説明可能で責任の所在が明らかであった。幸運なことに、部分的であるにせよ環境破壊の結果が可逆的であったため、多少なりとも問題解決が図られている。もちろん、公害問題はまだ完全に解決しておらず、新たな問題が発生しないとは限らない。地域的な環境問題が終わったわけではない。

他方、地球温暖化やオゾン層の破壊などに代表されるような地球環境問題については、科学的実証的な研究が困難である。そればかりか、「被害―加害」関係が入り乱れているために、責任の所在を明らかにすることも困難である。環境に対して不可逆変化を引き起こすこともある。こうした点で、地球環境問題は地域的な環境問題とかなり異なっている。それにもかかわらず、地域的な環境問題の対策のたてられかたと同じような方法で、地球環境問題の解決策がたてられてきた。そのひとつが教育であった。

科学的な見地からみて、環境によい行為を学ぶ機会が重要であると考えることは自然のなりゆきである。こうして実際に、地球環境問題の解決を教育目的とした科学的な環境教育の理論が構築され、問題の発生のメカニズムを理解するための科学的認識とメカニカル（機械的）な予防策としての行動をうながす教育実践が重視された。

そうしたメカニカルな思考に加えて、環境教育の理論家と実践家たちの多くは、科学技術を実地に応用して自然の事物とその過程を改変できるという工学モデルを環境教育に持ち込んだ。その際、人間形成の過程に環境教育を導入して、「環境にやさしい」人間をテクニカル（技術的）に「制作」するという工学モデルが紛れ込んだ。その背景には、そうしたテクニックが開発可能であるというテクノロジーへの信頼もあったにちがいない。

こうして、現代社会の生活様式を環境の持続可能性の観点から科学的に見直し、「環境容量（carrying capacity）」を理論的計量的な根拠として、人間の行動を管理して新たな社会システムを構築する環境教育計画が可能であると考えられるようになった。まるで「環境にやさしい人間の制作テクニック」が開発可能であるかのように、テクニカルに環境教育が語られてきた。

ところで、ここではメカニカルとテクニカルという言葉を用いたが、もちろん、両者は明確に区別できるわけではない。両者の底流には、経済的コストに関する最大の効率を求めるという経済効率中心主義的な価値観や、人間の目的合理性に合わせて、自然そのものと自然の過程を人間の手で変更してもよいという人間中心主義的な価値観、そして、メカニカルな意味での「真理」の解明と技術の更新はそれ自体「善」であるという技術中心主義的な価値観がある。[*1] そこで以下では、両者が表裏一体で不可分であるという意味で、メカニカル＝テクニカルという言葉を用いたい。

たとえば、メカニカル＝テクニカルな環境教育のプログラムでは、幼児期の自然体験が不足していることが地球環境問題を発生させているという理由で、「自然体験学習」のテクニックやカリキュラムを開発しようとするだろう。それは、自然とのかかわり自体を重視した自己充足的な自然体験学習とは異なり、「目的─手段」思考に基づく人間形成観を色濃く反映している。

また同様に、たとえば、環境に配慮した消費者を育てるという教育目的だけのために、ゴミ学習を進める場合、従来の社会科で大量生産・大量消費・大量廃棄の社会の仕組みとともに学ぶ広い意味のゴミ学習よりも狭量な教育になるのではないかという不安が生じる。結果として、「ゴミを出さない」とか「分別する」ということだけが子どもたちの脳裏に焼きつき、ゴミが大量に出る社会的背景を見失いかねない。環境によい行動をする人間をテクニカルに形成しようとする企図が持ち込まれすぎると、そうした学習が広がりと深まりをなくして矮小化される懸念がある。

このように見てくれば、わたしが戸惑いを感じる原因となったのは、どうやら「環境教育という物語」のメカニカル＝テクニカルな語られかたであるように思われるのだが、もう少しメカニカル＝テクニカルな環境教育それ自体の性質を検討してみることにしよう。

◉メカニカル＝テクニカルな環境教育の研究開発アプローチへの疑問

ある社会問題が生じた場合、その「ワクチン戦略」として問題解決を教育の社会的機能に求めようとする教育構想が示されるのは珍しいことではない。国際理解教育や人権教育、消費者教育、情報教育などもそのひとつとして数えられる。

一九六〇年代になって地球環境問題が科学的かつ実証的に認識されはじめ、社会問題となってきた。環境教育も「人間環境宣言」（一九七二年）、「ベオグラード憲章」（一九七五年）、「トビリシ宣言」（一九七七年）において、地球環境問題解決の「国際的ワクチン戦略」として構想された。環境教育が目的的な教育戦略であったため、計画的な性質を帯びることになった。環境教育を推進するための計画策定とその計画母体の必要性から、国連の機関として「国連環境計画」（一九七三年）が設立され「国際環境教育計画」（一九七五年）が登場し、環境教育を計画的に推進することになった。日本でも、「環境基本法」（一九九三年）と「環境基本計画」（一九九四年）が出され、二〇〇三年には「環境教育推進法」が成立した。このように環境教育はあらゆるところで綿密に計画されている。

環境教育は、科学による地球環境問題の発見とメカニカルな対策の必要性（物語の明確な起点）によって生まれ、地球環境問題を解決するテクニックの開発と計画（物語展開の中間部）という段階を経て、環境教育を手段とした地球環境問題の予防と解決（物語の終局部）が可能であるという科学的・国際的・計画的な教育の「物語」として語られてきたのである。

その際、環境教育を生み出したメカニカル＝テクニカルな「物語」は、環境教育それ自体の性質を特徴づけることになった。メカニカル＝テクニカルな環境教育は、「研究開発アプローチ（正しくはＲＤＤＡ〔研究・開発・普及・採用〕アプローチ）[*2]」によって発展してきた。「研究開発アプローチ」では、教師や研究者らが、ゴミや水、空気や生態系などの環境問題や地球規模の環境問題について研究し、そうした環境問題に対応するための教材やカリキュラムを開発したり、教師用のマニュアルを作成したりして、それらを洗練し、学校でその教材やマニュアルを普及するという方法で環境教育へ接近する。

たしかに、意欲的な教師や研究者たちが教材開発をし、環境教育を広く普及させるという点では、「研究開発アプローチ」は有益なテクニックであった。実際に、このようにして環境教育のプログラムやテクニックが開発されてきた。しかしながら、「研究開発アプローチ」には、環境に関する科学的かつ実証的な情報を単に伝達し、開発された教材やテクニックを受動的に消費するだけで、無批判にテクノクラシーへと盲従する教師を生み出しかねないという危険性がある。いいかえれば、メカニカル＝テクニカルな環境教育を無造作に実践する教師たちは、環境について自ら「教える＝学ぶ」豊かな力を失うばかりか、テクノクラートに頼ろうとすることで自主性を失う危険性がある。

メカニカル＝テクニカルな環境教育の根底にあるのは、機械論的な自然観である。そして、それに基づいた機械論的な人間形成観と技術至上主義、さらには環境教育を政策的な手段や道具とみなす目的合理主義も見落とせない。

たしかに、こうした基本的性質が、環境教育そのものを推進する原動力とはなったが、反面その弊害が出始めているように思われる。そこで、メカニカル＝テクニカルな環境教育の問題点をもう少し考えてみよう。

2 メカニカル＝テクニカルな環境教育の問題点

◉メカニカル＝テクニカルな環境教育の「その場限り（ad hoc）」な性質

地球環境問題の科学的な実態把握と因果関係に関する議論は尽きない。したがって、メカニカル＝テクニカルな環境教育は、地球環境問題についての科学的根拠を失ってしまえば、その出発点が揺らぎかねない教育となる。そればかりか、予防策や解決策についても、科学の進歩による反証の可能性は否定できない。それゆえに、環境改善の実効性を求められるはずの環境教育の効果も、科学的かつ実証的に完全には保障されない。

科学が進歩するにしたがって、理論の反証可能性の度合いが増加するという反証主義科学論的な立場から環境教育をみれば、無限の時空での科学の完全性が保証されない限り、メカニカル＝テクニカルな環境教育は「その場限り（ad hoc）」の仮説にすぎない。環境教育という物語は、出発点ばかりではなく終着点もあいまいで不完全なプロジェクトということになる。

メカニカル＝テクニカルな環境教育の「その場限り」の性質は、実践の場の教師たちを困惑させてもいる。教育が成り立っている通常のコミュニケーションの場面と環境教育の一場面を比べることで、そうした困惑を描き出してみよう。

たとえば、生徒が学校内でタバコを吸っている場面を目の当たりにした教師なら、「それはしていいことか、悪いことか、よく考えなさい！」という教育的なメッセージを出すことがある。このとき、生徒は頭をかきながら、「よく考えます」などとこたえることがある。しかし、いくら生徒が「よく考えた」結果であっても、それが教師の頭のなかにある「こたえ」と同じでなければ、教師が納得しないことを生徒はよく知っている。

理由は簡単である。喫煙の場合、メッセージの内容と形式はともあれ、教師は「タバコを吸ってはいけない」というメタレベルのメッセージを強く持っているからである。しかも、そのことを生徒も了解している。それゆえに、学校における「教師─生徒」という教育的関係においては、生徒は自分がタバコを吸うべきではないという事柄を了解しているかのようにふるまう。どれほど「よく考え」ても、期待されている「こたえかた」は両者にとって自明である。それゆえに、「自分でよく考えなさい」などという言語が通用する。しかも、タバコの健康被害の場合には、かなりの信憑性がある。タバコの箱に健康被害のことが書かれているぐらいだから、ほとんど間違いなくタバコはさまざまな病気を引き起こすのだろう。

では、学校における環境教育で、これと同じ事態が生じるだろうか。

たとえば、ペットボトルでジュースを飲んでいる生徒に向かって、教師が「それはしていいことか、悪いことか、よく考えなさい！」というメッセージを出す場合のことを考えてみよう。もちろん、ジュースを飲むのに、ペットボトル、アルミ缶、スチール缶、紙コップなどのうちどれが一番いいのか、あるいは、いっそのことジュースを飲まない方がよいのか、そのことを環境負荷を手がかりとして考えてみることができる。

しかしながら、教師も生徒も、環境負荷計算の妥当性を検証するメタレベルの判断基準を持っていない。持っていたとしても、そのメタ・メタレベルの判断基準となると無限遡及に陥る。再生不可能な資源の埋蔵量やリサイクルの可能性まで視野に入れて、ペットボトルの環境負荷を科学的かつ実証的に完全に計算することはほぼ不可能であろう。

仮に現時点で、ペットボトルの環境負荷がもっとも少なく、しかも人体に安全であるとされても、今後、健康を害する物質がペットボトルに含まれていることが明らかにされるかもしれない。あるいは、リサイクルをする上での社会的費用が問題となるかもしれない。したがって、科学的な環境教育における指導上の「終着点」が見えてこない。ペットボトルに関する環境教育はあくまでも「その場限り」である。ペットボトルの包装には、「地球環境に負担をかけますから、できるだけペットボトルでこの飲み物を飲むのは控えましょう」という表示はできないのである。

環境教育を実践する教師の判断基準があいまいになれば、その教育実践活動はきわめて不安定な状態に陥る。教師は「ペットボトルでジュースを飲まないように！（あるいは、飲みなさい！）」というメタ・メッセージを出せなくなる。生徒もそうしたメッセージを受けとれない。環境教育の教育行為を支えている教育言説や科学的根拠が弱い場合には、教師は生徒とのコミュニケーションに当惑し、生徒もうまい「こたえかた」ができなくなる。ファミコンで遊んでいる子どもにむかって、フロンガスのことを持ち出して、「それはしていいことか、悪いことか、よく考えなさい！」と言うのも同様である。

メカニカル＝テクニカルな環境教育は、科学によって事実が証明され、あらゆる結果を予見できるという仮説を出発点として認める。法則化と一般化を通して、環境教育が客観的な効果を生むことを期待するのも、そうした出発点を認めているからである。しかし、そうした前提が認められないならば、メカニカル＝テクニカルな環境教育は、不完全なプロジェクトであると考えざるをえない。そもそも社会構成主義の観点からすれば、地球環境問題の存在それ自体も社会的に構成された事柄であり、そこに疑問をさしはさめば、環境教育の営みそのものがあやふやになる。

昨今、地球温暖化論をはじめさまざまな環境問題の存在論に疑問が投げかけられている。たとえば、そのひとつに携帯電話から発生する電磁波の影響がある。話の本筋からは離れるが、環境教育の困難さを物語る例として電磁波のことを取り上げてみよう。

電磁波の人体への影響は、科学的ないし医学的には、決定的に実証されていないようである。そのため、多くの人々は「人体への危険性が科学的に完全に実証されるまでは安全だ。便利だから使えばよい」と考えて携帯電話を使用している。しかし、逆の見方もできる。つまり、「安全性が実証されるまでは危険だ。だから、便利でも使わない」という立場である。環境教育なら、このどちらの立場をとるのか。態度決定が迫られる。

いや、もう少し異なった態度もある。「電磁波の影響で脳腫瘍ができたとしても、あるいは、どんな大きな問題が生じようとも、科学技術（医療技術）がその問題を解決する」という楽観論である。それゆえに、現時点で問題が生じていても、困惑する必要はないという立場である。その正反対の立場もある。つまり、どんなにすばらしい科学技術であっても、将来的にもっと科学技術が進歩すれば、その技術が不完全で、何らかの問題を引き起こす可能性が発見されることが否定できないというものである。

このうちのどのような態度をとるのか。環境教育は、人間の体に健康被害を及ぼす物質についてどのような立場をとればいいのかについては問題が山積する。科学的かつ実証的に事実であるということにまで疑義を差し挟めば、環境教育という試みも、その存在意義も疑問視されるのである。

それはさておくとして、本筋に戻ろう。

では、不完全であるにもかかわらず、科学的な環境教育を推進している原動力は何であろうか。それは、将来実現されるかもしれない「科学の完全性」への絶対的な「信頼」ではないだろう。むしろ、科学への盲目的ともいうべき「信仰」であるにすぎないのではないか。そして、そうした「信仰」を学校教育は強化しているように思われる。この点に関する反省を含めて、学校教育には環境教育を進める上での反省的視点が肝心であるように思われる。なにもそれは科学に関する「信頼」への反省だけではない。すでに述べたように、産業社会の価値観に関する「信仰」への反省でもあるように考えられる。

◉操作可能性を過大視する危険

ところで、振り返ってみれば、教育学の歴史そのものが、人間にとって環境とは何かを問う歴史だったといっても過言ではない。教育学の歴史を遡ってみると、ルソー（Jean-Jacques Rousseau 一七一二〜一七七八）は『エミール』[*3]で、当時の腐敗し世俗化した価値観が蔓延する状況を憂い、ある配慮された教育環境のなかに人間を隔離して、「よい」

人間を育てようとする思考実験を行っている。ヘルバルトも、「召使どもや、親兄弟たち、わる遊びや淫欲、さらには大学という代物」といった教育環境が堕落すると、教師たちの仕事がうまくいかなくなると指摘している。そして、子どもの成長にとって、人間が考えだした技術よりも、偶然的な環境が非常に重要であることを見抜いている。[*4] つまり、教育は決して直接に行われるだけではなく、環境を通して間接的に行われることが教育学の出発点から認められている。

その後、教育と環境に関する考察は、人間形成をめぐる基本要因についての遺伝説、環境説、輻輳説などの論争でさかんになる。大正時代の日本にもおおいに影響を及ぼした教育的環境学の祖であるブーゼマン（Adolf Busemann 一八八七〜一九六二）は、環境を分類してそれぞれ教育のために手段化するという基本的構想を描いていた。[*5] 他方では、学校教育が社会環境を変えるという意味で「環境を変える教育」といった社会改造主義的な言説も流布した。簡潔にいえば、環境と教育は、「環境を手段とした教育」と「環境（問題）を変える教育」という点で不可分のものであった。

このような「環境を変える教育」という教育言説から、環境教育にも、環境問題を生み出した環境の変革が可能であるという物語が生まれたと考えられる。それが、メカニカル＝テクニカルな物語としての環境教育を生み出した母体ともなっている。だが、操作可能性を過大視することになれば、思わぬ弊害を生み出しかねない。環境教育の限界を見据えることも大切である。

また、教育（学）は環境の変革を促進させるどころか、逆に地球環境問題を生み出した産業社会の再生産に一役かってきたのではないかという反省も必要である。第2章で見たように、産業社会の再生産装置としての教育システムにおいて、人間と自然環境との関係が、歪曲された不自然な関係として再生産されていたのではないだろうか。[*6] 地球環境問題をメカニカル＝テクニカルな環境教育で解決しようとする場合、最初から人間とは切り離された自然が思い起こされ、科学的な文脈で環境問題がとらえられる。しかも、最終的に、合理的な人間の行為だけで解決可能であるかのようにとらえられがちである。「研究開発アプローチ」や、問題の認識―学習―思考―行為という一連の目的合理的思考のプロセスはその典型例である。

しかし、科学的で目的合理的思考の結果であるはずの行為が、問題解決につながらないばかりか、かえって問題を複雑にし、深刻化させるという場合もある。たとえば、牛乳パックやアルミ缶のリサイクル運動などを想起すればよいだろう。また、人間の理解を超えた自然の営みや、科学的には説明のつかない人間と自然とのかかわりかたも存在する。産業社会の再生産装置としての教育システムでは、そうしたかかわりかたが教えられなくなったからこそ、地球環境問題が深刻化しているようにも思われる。

これまでの検討を踏まえて言えば、近代学校教育システムの一部分である環境教育によって、地球環境問題を解決する方法を探す以前に、このシステム全体が、総合的に環境問題を生み出す産業社会の価値観やイデオロギーや習慣、つまりある種の「信仰」を再生産しているのではないかという反省が必要であるように思われる。

こうした反省を踏まえれば、地球環境問題の解決を図る環境教育には、従来の産業社会の価値観ではなく、新しい人間の生きかたや、生活・人生・生命上の価値観についての教育言説を樹立しなければならない。新たな「信仰」が必要であるともいえよう。たしかに、新たな環境教育の教育言説を打ち立てて、メカニカル＝テクニカルな環境教育に対抗するという手段をとることもできる。しかしそれでは、あくまでも理念を先行させた環境教育を推進するだけになってしまう。ひとつまちがえれば、形だけの脆弱な教育目的を有する自己満足的な環境教育に終始するか、「研究開発アプローチ」と同様の問題に直面することになりかねない。第4章で述べたように、たとえば「在る存在様式」に目覚める環境教育プロジェクトというものは、同じように理念だけを先行させた環境教育論となってしまう。

「では、どうするのか?」――じつは、そう問うこと自体が、プロジェクト志向の考えかたになるのである。ここにもダブルバインドへと陥るわなが仕掛けられている。だからこそ、わたしは「在ること」を体験して、「在る存在様式」が優位な性格を導く環境教育プロジェクトを推進する気持ちにはなれないのである。

たしかに、環境と教育を結び付けて筋立てる行為があった。それはそれで魅力的である。学校が環境問題を生み出した社会を再生産してきたという反省的視点を取り入れる必要性はわかる。それでも、環境問題と教育を結び付けて、「教育こそが環境問題を解決する」と筋立てる行為自体に問題があるのではないだろうか。

そこで、メカニカル＝テクニカルな環境教育を相対化する手がかりとするために「もうひとつの環境教育」が存在することを確認してみたい。それは、「その場限り」ではなく、脈々となぜ抜きに受け継がれてきた教育といえるのではないかと考えるからである。その存在を再発見すれば、案外と「壁」を横からスルリと抜けられそうに感じられるからである。

3 わたしが体験していた環境教育

◉既存型環境教育とは何か

それでは、「もうひとつの環境教育」、すなわち、メカニカル＝テクニカルではない環境教育とはどのような教育であろうか。

まずあげられるのは公害教育と自然保護教育である。それらは、いわば「既存型環境教育（すでに存在している環境についての教育）」である。国際的な環境政策において、理念を中心に人為的な成立過程を経て成立した「理念型環境教育（存在すべきであるとされる環境のための教育）」と好対照をなしている。

地域的な環境問題を背景に、教師個人の教育実践活動の歴史から生まれ落ちた公害教育のなかに、原初的な環境教育を見ることができる。または、野外教育や自然体験教育・自然保護教育といった営みの歴史も古いが、そうした教育のなかにも環境教育の芽生えが間違いなく存在している。

そうした教育に加えて、日常の生活のなかに既存型の環境教育が入り込んでいる場合がある。もっといえば、エコロジカルに見て持続可能な共同体を築いている文化における日常的な「教え=学び（模倣）」が、原初的な環境教育であると考えられる。[*7] そういった共同体においては、科学的で論理的な世界は成立してはいないかもしれない。だが、「持続可能性」を保証する暗黙知が無意識的に受け渡されていることには間違いはない。自然環境と共存してきた地域・社会・民族・文化・時代のなかに、原初的な環境教育が見出せる。そのような意味では、現代の日本社会のなかでも、環境教育であるとあらためて自覚化はされないが、自然との付き合いかたについて「教え=学ぶ」ような多くの機会があったに違いない。

そうした「教え=学び」の研究方法はいくつかあるだろうが、本節では、わたしの直接的な経験を語ることで、そうした既存型の環境教育の存在を思い起こしてみたい。それはまず、家庭において登場する。そのことをわれわれは忘れがちになっているのではないだろうか。理念を求めプロジェクトをつくり、それを推進するということに躍起になりすぎてしまい、理念などなくても、だれがどのように始めたかはわからないけれども行われている環境に関する教育が存在することを忘れているのではないだろうか。

たとえば、昨今流行の食育にしても、わざわざ学校で大げさにしなくても、すでに家庭で両親が子どもに行っていた教育の一環としての「食育」も存在した。それを完全に無視して「食育」を進めることはできないだろう。また、家庭での「食育」は重要なものである。それと環境教育は同じではないだろうか。

◉わたしが体験していた既存型環境教育

既存型環境教育とは何か。文化人類学的な研究や先行研究を取り出して論及するのではなく、ここではわたしが受けた既存型環境教育とわたしが実践している既存型環境教育を語ることで具体的に説明したい。降旗信一らは、環境教育に関係する者たちが、幼少の頃に決定的な経験をしていると指摘した。[*8] それは、わたしにもあてはまる。既存型の環境教育を受けたのである。このような著作で私的な経験を綴ることは誠に恐縮であるが、そのような「語り」がふさわしいようにも思われるのでご寛恕いただきたい。[*9]

わたしは二歳から一一歳にかけて、紀ノ川（奈良県内では吉野川と呼ばれる）上流のかなり寂れた山の中（奈良県吉野町上市）に住んでいた。父が国土交通省（旧建設省）で山中のダム（現在の大滝ダム）の建設にかかわる仕事をしていたからである。当時の自宅であった官舎の目の前数メートル先は川、その後ろはすぐ山の背のヤブという山中である。非常に自然豊かな場所で育ったわたしは幸福であった。

小学校低学年のころにはもう、上級生も下級生も入り乱れて吉野の深い山野を駆け回った。そのとき、上級生からマムシのいそうなジメジメした場所には立ち入らないようにという教えを受けたことがある。

そうした教えも虚しく、わたしは小学校三年生のとき、山のなかで遊んでいる最中に蛇に噛まれた。一緒にいた友達もわたしも、てっきりマムシに噛まれたのだと思い込んだ。「走ると毒が体に回りやすくなるから、動くな！」と友人はわたしに命令し、さまざまな配慮を見せた。上級生は近くの民家に知らせに走った。しばらくして五〇代ぐらいの顔見知りのおじさんが一目散にやって来た。噛み跡をひとめ見てマムシの噛み跡ではないと診断してくれた。それでも一応、念のためにと気遣いしたのか、おじさんはわたしを担いで山から降りてくれ、ちょっとした街の診療所まで車で運んでくれた。だが、診察してくれた三〇歳ぐらいの若い医師は、マムシの噛み跡かどうか判断できないという。そのため、様子をみるために一晩入院することになった。駆けつけた父もマムシではないという「診断」を下したが、その「診断」も信用されず、結局、わたしは不安に駆られながら両親と共に一晩そこに入院させられた。だが、結局マムシではなかった。

このときの教えや配慮、診断は、自然環境や動物にかかわる知恵が結実したものであり、その場のコミュニケーションには間違いなく環境教育的要素が含まれていた。既存型の環境教育が生成している場にわたしはめぐり合ったのだ。

幼少時から、わたしは山や川へと何度も誘われた。年中児のころには、年長の子どもたちに引きつれられ、裏山を駆け回っていた記憶がある。小学校に入ると、当たり前のように川に遊びに行き、夏休みは、ほぼ毎日、子どもたちだけで川に行って泳いだ（大人がいないところで子どもだけが泳ぐなど、今では考えられない状態である）。

川に入ると、テグスと呼ばれる釣り糸に針を巻き、石のウラについたトビゲラなどの虫をエサに、泳ぎながら魚を捕ったりもした。水中メガネで魚がえさを食べるところを見てから釣り糸をグイッと引き、魚を釣るのだから、とても面白かった。沢登りもさんざんにした。沢の水をゴクゴクと飲み、秋にお腹が減ると、どこにでもあるような柿の木から柿をもいで食べた。大人がいなくても、わたしたちは自然のなかで遊んでいた。そのしくみも知っていた。

一九七〇年代の吉野町には、レジャー施設はまったくなかった。だが、父は投網を打ちに連れて行ってくれたり、毛ばり釣りに連れて行ってくれたりした。夜中、魚が浅瀬で眠る時間をみはからって、ヤスでの魚突きに連れて行ってくれたりもした。今どきの自然体験ができる施設で「売り物」になっているお手軽な「自然体験」にはないような複雑な深い経験であった。しかも、その経験はかなり長期にわたった。

今でも印象的なのは、暗闇がゆっくりと川を覆う様子を何度も体験したこと、そして真っ暗闇の川の浅瀬を歩いたことである。それ自体がすばらしい環境教育（学習）であった。浅瀬を父と並んで歩きながら、両者に「教える」とか「学ぶ」という意識がほとんどないにもかかわらず、独り言のように魚の習性を語る父から、わたしはなんとなく生き物に関する知識を学んだ。教えられなくても、釣りの仕方や投網の投げかたといった技術を身につけるようにもなった。今でも、投網の打ちかたは父にそっくりのはずだが、それはわたしの模倣行動ないしは自主的な意図せざる環境学習の結果にほかならない。

こうしたわたしの体験は、現在の用語で指し示すところのレジャーやレクレーション、野外教育活動や環境教育といえるような意図された体験ではない。父も、ただ父はそうすることが好きなだけであって、教えようとした意図があったわけではない。わたしも、望んで学んだわけではない。いわば、生活のなかに埋没した「教え＝学び（模倣）」がそこにあった。簡潔にいえば、亡父は意図せずして既存型環境教育者でもあったのだ。周りの里山と紀の川は、幼少期のわたしにとって格好の既存型環境教育（学習）のフィールドであった。

そうした山中の暮らしのなかで、わたしは子どもの頃に両親に山へ連れて行ってもらったときに、「タラの芽はひとつ残しておけ」とか「わさび場（畑）は人に教えるな」という教えを受けた。これまで親ばかりではなくいろいろな人にその理由を尋ねたが、合理的かつ科学的にすっきり納得できる理由は見つからなかった。

ただ、いくつかわかったことはあった。

タラの芽は、後から山に登ってくる人のためにひとつ残すのだという意味解釈があるということ、木の勢力をそがないためという目的があるらしいことである。また、わさびの採取では根の部分を掘り起こすので、その場所が知られて多くの人に根こそぎ持っていかれてしまうと、次の年からまったく収穫できなくなるおそれがあるからに違いないと思うようになった。

おそらく、こうした教えは、自然の恵みを根絶やしにしないようにする配慮に端を発している。自然からの贈りものをどのように人間が受け取り続けることができるのか。そのことを経験知として体で覚えた先人が、後世代に教えを授けているのである。

こうした思い出は、もう三〇年余り昔（一九七五年ごろ）のことで、きわめて私的な経験である。だが、誰でも意識して振り返れば、過去の思い出のなかに、環境に関する「教え＝学び」、模倣行動や「環境教育的コミュニケーション」が存在していたことに気づかされるのではないだろうか。

本来、「教えること―学ぶこと」は、偶発的で無意図的な生活のなかの子育てに埋没していたはずの営みであった。その大部分を、学校のなかに押し込めてしまい、制度化された装置としての「教育システム」のなかで「自然に関する学びと教え」が出現し始めた。

その途端、習得すべき知識の内容や、その知識を習得すべき発達段階、未熟な状態から成熟へといたる人格の完成概念が持ち込まれ、近代のプロジェクトとしての教育計画が重要視された。そうした機械論的・製作的な人間開発概念と、直線的な時間概念による教育観の構造自体が、すべての教育を包み込む「眼差し」となって、教育を窒息させる要因となっているのではないか。

環境教育の発展を失速させているのは、環境教育に無理解な教育者や保護者の存在ではなく、学校教育システムという土俵に環境に関する実証的な知を導入しようとする教育者のスタンスなのではないだろうか。

もちろん、こうした「教え＝学び」体験は、意図的に行われたのでもなければ、万人に共通する経験でもない。きわめて偶発的で個別的な、無意図的無計画的で非体系的非組織的な「教え＝学び」体験である。そのために見過ごされがちであるが、子どもの前で親が自然や環境とかかわる姿を見て、子どもがそれを見よう見まねで同じことを行うとき、そこに既存型環境教育が立ち現われているのである。

家庭ばかりではなく地域にも目を向けてみよう。たとえば、入会地で自然を共有して、その地の恵みである自然からの贈与物を、共有者で分配して消費する際にもルールがある。そういったルールは共有者とその子孫によって目に見えない形で受け継がれてきた。そうしたルールとしての分配方法の受け継ぎが原初的な意味での環境教育として位置づけられる。自然の恵みを継続して受け取る方法と同様に、争いごとをせずにその恵みを人間同士で分け合うということについての「教え＝学び」も重要な既存型環境教育のひとつなのである。

●わたしが実践していた環境教育

時を経て、わたしも自分の家族を持つようになった。

まだ歩き始めたばかりの幼いわが子を散歩に連れて行くことがあった。その際、動植物を指さして注意を喚起したり、それらの名前を教えたり、昆虫やザリガニをどうやって掴むかということを教えたりすることがあった。わたしはかつてそれを環境教育と自覚してはいなかった。だが、子どもは身近な生き物とのかかわりを学んでいた。親子であたりを散歩することは、環境教育であると認識されはしないかもしれない。しかしながら親子での散歩は、自然とのかかわりを教えるという意味で、すでに既存型環境教育的な要素が入っている重要な活動なのである。カブトムシを幼虫から育て、成虫になるまで飼育し、山に放したこともあった。それも既存型環境教育である。そうした経験は自分の無意識のうちにおこる環境教育活動なのである。

「これは燃えるゴミ？　燃えないゴミ？」――幼稚園児になったばかりのわが子が分別しようとすることに驚いたこともある。しかし、なにもそれは理念型環境教育の効果が顕著に現われているからではない。三〇年前には考えられなかったことだが、すでに大半の家庭では種別の異なるゴミ箱があって、親が分別していれば、当然それを真似て、子どもも分別するようになるのである。親の分別行動を真似るというところにも既存型環境教育がある。

そんなことを自覚するうちに、妻が子どもに絵本を読んで語る風景に何度も出くわすようにもなった。あるとき、『もこ　もこもこ』[*10]や『花さき山』[*11]を妻が子に読み語る場面に遭遇した。わたしは心のなかで「へぇー、ここにも環境教育があるのか」という驚きの叫びをあげた。そのときにこそ日常生活の「教え＝学び」のなかに埋没して不可視的になっているが、非常に重要な教育活動が存在することに、はじめて気がついたのである。

その後、あらためて自分の家庭の子どもたちの絵本をじっくり読んでみた。書店でも買い求めた。そうすると、なんと多くの絵本が自然や環境のことを扱っていることか！　絵本のなかに、まれに環境教育があるというどころか、環境教育的ではない絵本を発見することがまれであった。

あるとき、自宅で『むったんの海』[*12]という絵本に出会った。ここで簡単に紹介しておくなら、この絵本には、有明海諫早湾の干潟が巨大な堤防で閉められ、干潟がカラカラに乾いた結果、ムツゴロウをはじめとする生き物たちが苦しむ姿が描かれている。その動物の苦しみに思いをよせるばかりか、水や空気をきれいにして、人間ばかりではなく動植物を救いたいという気持ちが現れている。それを小学生の女の子が描いたということに驚かされ、環境絵本という言葉にも出会った。絵本を契機として用いるなら、比較的容易に既存型環境教育の領域に足を踏み入れることができるように思われる。ただし、そのことについては第6章と第7章でくわしく述べることにしよう。

正直に告白すれば、その環境絵本という言葉との出会いがあったからこそ、既存型環境教育というカテゴリー分類が可能になり、自分自身の経験を環境教育の視点から振り返ることもできたのである。

もちろん家庭において自然環境についての「教え＝学び」が存在するのは周知の事実かもしれない。しかしながら、家庭という私的空間で偶発的に生じるために、他者からはきわめて見にくく研究対象とはなりにくい。親や子どもも自覚的にそうした「教え＝学び」をしているわけではないので、それを言語化する機会さえ少なく、当事者にとってそれと認識されることがまれであったように思われる。しかし、理念型環境教育に劣らず、既存型環境教育は重要な意味を有しているとはいえないだろうか。

◉既存型環境教育と理念型環境教育との融合を目指して

以上のような検討により、環境教育には、これまでそれほど意識されてはいなかったが、広大な領域――すなわち既存型環境教育――が残されていることが明らかになった。理念型環境教育は、あたかも人工言語エスペラントが生み出されてきたかのように、専門家たちの手によって産み落とされた。しかし、環境教育という用語が登場したからこそ、それと認識されるのだが、理念型の環境教育が登場するはるか以前から、家庭や地域のなかで行われている環境にかかわる既存の「教え=学び（模倣）」――すなわち既存型環境教育が存在していたのである。既存型環境教育とは、無意図的無計画に成立する偶発的機会において、環境および自然とのかかわりかたを教える（または学ぶ）活動である。

こうした理念型環境教育と既存型環境教育の両極が環境教育には不可欠なのではないだろうか。教育は常に二つの根本形式からなるといわれる。指導と放任、個人重視と集団重視、未来志向と現在志向、父性原理と母性原理、など、教育は両極の二つの原理で成立している。おそらく環境教育とて例外ではない。理念型環境教育ばかりが脚光を浴びていることに加え、もう一方を見落としているのではないかという不安があって、わたしはためらっていたのである。

メカニカル=テクニカルな理念型環境教育は、人類を破局から救う「存在すべき教育」として科学的・国際的・計画的に構想された。そのために限界がある。しかしながら、すでに「存在している環境教育」がある。人間はこれまで自然環境とうまく折り合いをつけて生活してきた。人間の生活とその共同体の活動のなかに埋もれてはいるが、文化や伝統と深く結び付いた、自然との共生を可能にする生きかたと「教え=学び（模倣）」があり、それが脈々と受け継がれてきた。

そうした「存在すべき環境教育」と「存在している環境教育」――狭い意味で、前者が理念型環境教育であり、後者が既存型環境教育と表現するにとどめるが――のせめぎあいによって、弁証法的に豊かな可能性を秘めた環境教育が生まれる。

だが現在は、メカニカル＝テクニカルな理念型環境教育ばかりが注目され、これまでに存在していた既存型環境教育の実践が隠蔽されているように見える。そうした懸念があって、わたしはダブルバインド的な感情を環境教育に抱いてきた。しかし、日常の生活の営みのなかに、環境教育的な要素がありありと入り込んでいることを指摘することで、そのようなためらいも多少なりとも薄まるように思う。

「研究開発アプローチ」ではなく、自らの経験を振り返るという意味での省察と、それを再発見した上で共有化する「省察共有アプローチ」ともいえるアプローチが昨今の環境教育に必要なのではないだろうか。ここではそうしたアプローチを自分自身に適用してみた。そのようなアプローチが有用なのかどうかはわからない。

しかし、少なくとも、大人が子どもに自然との付き合いかたを教える現場に目を向け、そこで何が起こっているのかを記述し、反省する視点が必要だろう。それゆえに、環境教育的な要素が含まれていると思われる教育実践を再解釈し、人間と環境の関係についての理解を深めることで、「存在している環境教育」をよりいっそう充実させることができるだろう。そのためには臨床の環境に関する教育人間学的考察ともいうべき分野——すなわち「臨床環境教育人間学」——が必要である。

もっとも、冷静に考えれば、すでに環境教育があったという程度の記述——それも私的体験レベルの語り——だけでは、人間とその自然環境との複雑で深い営みを発見したとは言い難い。だが、意識化されていなかった環境教育の営みを再発見できれば、環境教育はますます意義深いものとなるに違いない。臨床環境教育学、ないしは、臨床環境教育人間学なるものが、今後、教育学的なアプローチにより環境教育を研究する際の手がかりになるのではないか。

本章の結論は次のような短い言葉で表現できる。

——「ほら、こんなところにも環境教育がある！」

そう、そういう「再発見」が、環境教育の営みをよりいっそう豊かなものにするのだ。

註

＊1 加藤尚武、一九九六『現代を読み解く倫理学――応用倫理学のすすめⅡ』丸善ライブラリー、一三七―一五〇頁。

＊2 ＲＤＤＡとは、Research, Development, Diffusion/Dissemination, and Adoption の頭文字である。この点については、原子栄一郎、一九九六「テクノクラシーへの依存から学校教員のイニシアチブへ――オールタナティブな環境教育の進め方を求めて」東京学芸大学環境教育実践施設研究報告『環境教育研究』第六号、三三―四二頁、を参照されたい。

＊3 Ｊ・Ｊ・ルソー、今野一雄訳、一九六二（原著一七六二）『エミール』岩波書店。

＊4 Ｊ・Ｆ・ヘルバルト、三枝孝弘訳、一九六九（原著一八〇六）『一般教育学』明治図書、一一―一二頁。

＊5 Busemann, A. 1932, “Handbuch der Paedadogischen Milieukunde”, Paedagogischer Verlag Hermann Schroedel, Halle (Saale).

＊6 Bowers, C.A. 1995, “Toward an Ecological Perspective”, *Critical Conversations in Philosophy of Education*, Wendy Kohli (Eds.), Routledge, pp.314-317.

＊7 Bowers, C.A. 1993, “Critical Essays on Education, Modernity, and the Recovery of the Ecological Imperative”, Teachers College, Columbia University, p.183.

＊8 降旗信一・石坂孝喜・畠山芽生・櫃本真美代・伊東静一、二〇〇六「Significant Life Experiences（ＳＬＥ）調査の可能性と課題」『環境教育』一五（二）：二―一三頁。

＊9 このわたしの思い出については、ほぼ同じような内容のものを、今村光章、二〇〇七「環境への気づきにいざなう環境絵本の世界」石川聡子編著『プラットフォーム　環境教育』東信堂、五―二六頁、に記載した。

＊10 谷川俊太郎／作、元永定正／絵、一九七七『もこ　もこもこ』文研出版。

＊11 斎藤隆介／作、滝平二郎／絵、一九六九『花さき山』岩波書店。

＊12 寺田志桜里／作・絵、一九九九『むったんの海』くもん出版。

第6章

絵本のなかの既存型環境教育——家庭教育のなかにある環境教育

1 絵本のなかの環境教育の発見

◉既存型環境教育の手引きとしての絵本

本章においては、既存型環境教育のひとつとして、環境に関する絵本の意義について論じたい。前章で述べたように、自然や環境に関する「教え＝学び（模倣）」関係が意図的にでもなく、計画的にでもなく表出している場所がある。たとえば物語や神話、口承文化、暗黙の知の受け渡しの場所などに見受けられるであろう。残念ながら、それらの多くは研究者からは見えにくい場所にあり、研究対象とはなりにくい。

しかし、絵本のなかに現れる既存型環境教育であれば、絵本という媒体が実体的な研究対象となるので、他のものよりは把握しやすいと思われる。メカニカル＝テクニカルな視点で環境のために制作された意図的な環境絵本ではなくて、本質的に原初的な環境絵本を見ることによって、「絵本のなかの環境教育」を一緒に確認してみよう。

そうした絵本によって、親は知らず知らずのうちに子どもに自然や環境との付き合いかたを教えていることがある。絵本を用いた環境教育は、もっぱら幼児期と学童期の子どもを対象として家庭で実践される既存型環境教育である。

まずは『ちいさいおうち』と『もこ　もこもこ』という絵本について検討してみよう。

●『ちいさいおうち』

バートン（Burton,V.L. 一九〇九～一九六八）は、身近な題材をもとに、自分の子どものためにすべての作品を描いたといってもよい、アメリカの絵本作家である。彼女の代表作のひとつに、一九四二年に出版されコールデコット賞を受賞した有名な『ちいさいおうち』[*1]がある。まずはこの絵本を取り上げよう。

『ちいさいおうち』（絵本）のストーリーの「主人公」である「ちいさいおうち（小さな家）」は、最初は静かな田園地帯の丘の上に建って、四季のめぐりと豊かな自然を満喫していた。だが、「ちいさいおうち」の周りの田園地帯がしだいに都市化されていく。それに嫌気がさした「ちいさいおうち」が、再び田園地帯に引っ越すという物語である。アメリカの都市化された社会から脱出するという『ちいさいおうち』の完結部は次のような言葉で締めくくられる。

こうして、あたらしいおかのうえに　おちついて、
ちいさいおうちは　うれしそうに
にっこりしました。ここでは
また　お日さまを　みることができ、
お月さまや　ほしもみられます。
そして　また、はるや　なつや
あきや、ふゆが、じゅんぐりに
めぐってくるのを、ながめることも

できるのです。

（中略）

ちいさいおうちは　もう二どと　まちへ　いきたいとは　おもわないでしょう……。

もう二どと　まちに　すみたいなどと　おもうことは　ないでしょう……。

ちいさいおうちの　うえでは　ほしが　またたき……。

お月さまもでました……。はるです……。

いなかでは、なにもかもが　たいへんしずかでした。[*2]

バートンが『ちいさいおうち』を描いたアメリカの一九四〇年代といえば、自動車や鉄道が自然豊かな田園地帯に入り込み、田園地帯を消滅させ、そのかわりに都会の住民を大量に郊外へ連れ出した時代である。レオポルドの言葉でいえば、「都会からの脱出者が増えるにつれて、平和、閑寂、野生動物、景色の、一人当たりの割り当てが減っていった時代」である。[*3]

その時代には、地域的な環境問題は存在したが、まだ地球環境問題は認識されていない。環境教育の必要性も知られてはいない。それでも、都市化を嫌がり、自然の四季の移りかわりを楽しむことが好ましいものとして描写されている。

この絵本はバートン自身の子どもへ贈るための絵本であった。『ちいさいおうち』は次章でみるような現代の環境絵本とは性質が異なる。それでも、前述の引用部分にあるように、都市化と近代化に対する批判と、その裏返しともいえる土地や自然に対する愛情やあこがれが語られている。『ちいさいおうち』は、半世紀以上をへて、現代の親と子の間で共有できる既存型の環境教育の物語として再現される。

皮肉なことに「ちいさいおうち」の引っ越しは「くるま」に頼ることになる。そして適当な場所を見つけられずにさまようことにもなる。あたかも、環境問題に直面する現代人のジレンマを描き出しているかのようである。それだけにいっそう、環境と社会システムを考えはじめる最初の絵本として、『ちいさいおうち』は意義深い。それというのも、この絵本をきっかけとして親と子のあいだでかわされる話が、この絵本の意義をさらに深くするように思われるからである。

◉『もこ　もこもこ』

次に、原初的な環境教育が、いのちの循環の視点から描かれていると考察できる絵本を取り上げてみよう。そうした絵本は多々あるが、なかでも、『もこ　もこもこ』[*4]は、これまでに約三〇万冊を売り上げた最高傑作のひとつである。解釈は一通りではないが、いのちの視点だけではなく、食物連鎖の筋立てでも、自然の循環の観点からも十分楽しめる絵本である。あらすじは次の通りである。

何もない「しーん」とした状況のなかから、「もこ」という音とともにひとつの「いのち」が生まれ、「もこもこ」と成長する。そのとなりでは、もうひとつの「いのち」が「にょき」と生まれる。「もこ」は「もこもこ」、「にょき」は「にょきにょき」と、互いに異なる姿で成長する。

やがて、おおきくなった「いのち」の〈もこ〉は大きな口をあけて、キノコのような「いのち」の〈にょき〉を「ぱく」とひと飲みにし「もぐもぐ」かむ。食べた〈もこ〉のからだから、新たな「いのち」らしき赤く丸いちいさい物体が「つん」と生まれ、「ぽろり」と地上に落ち、「ぷうっ」と膨らんで、さらにふくらみ「ぎらぎら」と輝く。あっというまに、その「いのち」の〈つん〉は〈もこ〉もろとも「ぱちん」とはじけて、「ふんわ　ふんわ」した物体になる。

そしてまた、何もない最初の「しーん」とした無の状態に戻るのだが、最後にはまた片隅に「もこ」とひとつの「いのち」が生まれる（右記は引用ではなく、『もこ　もこもこ』の筆者なりの解釈である）。

『もこ　もこもこ』の世界は、オノマトペだけで表現されており、概念的な言葉ではなかなか表現が困難な世界である。しかし、ぐるぐるまわっているという感覚、眼のまえを通りすぎていくどんなものも新たな「いのち」として生まれ変わる可能性があるという感覚――そう、わたしたちのまえのしあわせや苦しみさえも、すべてがまわっているという感覚――それが不思議とわたしたちのこころを落ちつかせ、妙になにかを納得させる。〈もこ〉の「いのち」は、わたしたちの「いのち」と同じように、つねに発展する流動的なものであるという感覚が生まれる。そして何よりも、科学的根拠や合理的説明を超えた「いのち」への肯定の感覚を与えてくれる。[*5]

メカニカル＝テクニカルな環境教育が語る「物語」とは異なり、こうした「物語」には根拠はない。だが、目に見えない合理的理性的な根拠を超えたところで、ぐるぐるとまわっているというリアリティをわたしたちに悟らせる。「いのち」がメカニカル＝テクニカルな論理を超えた自然の営みに支えられているということを実感する。そして、こうした「物語のなかの環境教育」が、子どもばかりではなく大人のこころにも、ぐるぐるしたものに――いってみれば自然や「いのち」の循環に――包まれているという感覚をよびさまし、自然への信頼感を取りもどすのである。

『ちいさいおうち』や『もこ　もこもこ』が出版された時期を考えると、地球環境問題との関連は考えにくい。しかし、こうした絵本は、人間の生きかたについて深い含蓄を有している。子どもばかりではなく親自身が学ぶことがある。その学びが環境教育的であるとも考えられる。

2『花さき山』の環境教育的理解

◉『花さき山』のストーリー

環境教育は、「生きかた」の教育にもなる。斎藤隆介(一九一七〜一九八五)の『花さき山』[*6]は、そのような可能性を教えてくれる絵本である。そこで、ややくわしく、『花さき山』を環境教育の立場から読み解いてみたい。まずはそのストーリーをこの絵本の展開にしたがって簡潔に示しておこう。

最初に登場するのは、山のなかで一人で住んでいるという、ばば、すなわち、「山ンば」(山姥)である。「山ンば」は、悪さをするというが、必ずしもそれは本当ではなく、彼女を見かけた人間が勝手にその意味解釈をしているという。

しかし、主人公は「山ンば」ではなく、わずか一〇才の女の子、「あや」である。「あや」は、もうじきお祭りがあり、そのときのご馳走の食材にするために、ふき、わらび、みず、ぜんまいといった自然の恵みである山菜を取りに山へ入る。ところが、道に迷い奥へ入り込みすぎて「山ンば」のいる山まで入り込んでしまう。だがそこで、一面に咲く見事な花を見る。「山ンば」は、「あや」に「ふもとの村の人間が、やさしいことをするとその花が咲く」という説明をする。そして、足元に咲いているひとつの赤い花が、自分が昨日咲かせたものであることも教える。

「あや」は次のようなことを思い出す。昨日、妹の「そよ」が、「自分もほかの友人のように祭り用の赤い着物を買って欲しい」といって、足踏みをして母親を困らせたとき、「あや」は、「自分は要らないから『そよ』に買ってあげたら」と言ったことを。「山ンば」の説明によれば、「自分は要らない」と言ったとき、その花が咲いたという。

「あや」は家が貧乏で姉妹ふたりともに祭り着を買ってもらえないことがわかっていたから、自分は辛抱した。母親は救われた気持ちがしたし妹は非常に喜んだが、「あや」自身は切なかった。しかし、「山ンば」は、「その赤い花が、どんな祭り着の花模様よりも美しい」と賞賛する。そこの花はすべてそうして咲くという。そうした一文を引用しておこう。

きのう　いもうとの　そよが、
『おらサも　みんなのように　祭りの　赤い　べべ　かってけれ』って、
足を　ドデバダして　ないて　おっかあをこまらせたとき、おまえはいったべ、
『おっかあ　おらは　いらねえから　そよサ　かってやれ』。
そう　いったとき　その花が　さいた。
おまえは　いえが　びんぼうで
ふたりに　祭り着を　かって　もらえねえことを　しっていたから
じぶんは　しんぼうした。
おっかあは　どんなにたすかったたか
そよは　どんなに　よろこんだか
おまえは　せつなかったべ。
だども、この赤い花がさいた。[*7]

人間がつらいのを辛抱して、自分のことより人のことを思って涙をためて辛抱すると、そのやさしさやけなげさが花になって咲きだすことを「あや」は知る。しばらくして、また、「いま、花さき山で自分の花が咲いている」のを「あ

や」は感じることができる。花が咲いていることに満足することもできる。

他者への配慮から、自分の「祭り着」を買わないという「あや」の禁欲が、結果的には喜びにつながっていく。「山ンば」との出会いは、偶発的な契機ではあるが、人間が本来有している存在様式の一方に根ざす生きかたに目覚めさせる必然的な契機であった。ある意味では「山ンば」は環境教育の実践者ともいえる。

ここまでが名作絵本としてよくとりあげられ、印象に残る前半部分である。だが、後半部分で、「山ンば」はもうひとつの露をつけた小さい青い花についても説明する。それは、ちっぽけな双子の赤ん坊の上の子どもが、ちょっと違いで生まれた弟を思いやることによって咲いているという。

弟が母親の片方の乳首を吸いながら、一方の手でもう片方の乳首をいじくって離さない。だから、上の兄はそれをじっと見つめながら辛抱している。目に涙をためながら。「山ンば」はその涙が露なのだと語る。

花ばかりではない。山も同じだと「山ンば」は説明する。

「八郎」という山男が高波を防いで村を救い、八郎潟に沈んで命を落としたときに、ある山が生まれたと説明する。もう一方の山は、「三コ」という大男が、村や林が燃えるのを防いで焼死したときにできたという。ある小さな善行をすれば花が咲く程度だが、命をかけてまで優しいことをすると山ができあがるのだという。

主人公の「あや」は、山から帰って「山ンば」から聞いた話を大人たちにするが、誰も笑って取り合わない。そこで、もう一度「あや」は山へ戻る。しかし、「山ンば」にも出会えず、一面花の咲く山も見あたらなかった。けれども、「あや」はその後、「あ、今、花さき山でおらの花が咲いてるな」と思うことがあったという。

◉『花さき山』の基本的理解——道徳教育的側面

『花さき山』には滝平二郎の非常に素朴な感触の木版画が添えられている。いかにも子ども向けの繊細な色使いの優しい絵本ではない。頁をめくるとすぐに、恐ろしげな後ろ髪だけが見える「山ンば」や、その姿を見て驚く「あや」が登場する。この物語の導入部に添えられた風景はけっしてほのぼのとした温かいものではない。絵の背景が黒であることに加え、最初に姿を見せる「山ンば」が強烈な印象を与える。子どもが自ら読みたいと思うようなつくりの絵本ではない。

しかし、数頁先をめくると美しい花を見つめる「あや」の姿や、妹の「そよ」が祭り着を着ているところを座って見つめる姉「あや」の姿が映し出される。ついで、慈しみに満ちた表情で双子の一人を抱く母の情景が目に飛び込んでくる。そうした絵が徐々に不思議と心を和ませていく。

最終頁で、きれいな花に彩られた背景に、「そよ」を背負った「あや」が振り向きざまにやさしい顔を見せる。その姿にほっとする。最後まで読みきらねば、この絵本のメッセージ性は読み取れない。最後まで目を通した親が、この本が持つメッセージ性に惹かれて購入するか、あるいはすでに内容を知っていて購入するのだろう。なにも知らずに親が書店で題名だけを見て、この本を手にすることはまれであろう。つまり、親をはじめとする大人（先行世代）が、子ども（後世代）のために教育行為を行う教材としてこの絵本を購入するところに、すでに環境教育的な意図を再発見することができる。

『花さき山』は、そのつくりからも内容的にも、教育的意図がきわめて強い教材的な絵本である。子どもたちに読み語りをしてただ愉快であるという理由から読まれる娯楽的な絵本でもなければ、添えられた絵が美しいので目を楽しませるから読まれるビジュアル的な絵本でもない。排泄や衣服の着脱、自主性を教えるような「しつけ絵本」でもない。端的にいえば、『花さき山』は、道徳教育的な絵本なのである。

そのことは、「『花さき山』に添えて」という斉藤隆介の「あとがき」があることからも裏づけられる。この「あとがき」は、読み語りをする大人の側にむけての直接的な作者のメッセージなのだが、斉藤は、そこで次のように述べている。

「一杯に自分のために生きたい命を、みんなのためにささげることこそが、自分をさらに最高に生かす事だ、と信じてその道を歩きはじめた人々がおおぜい出てきました。『花さき山』は、そういう人々への賛歌です。そしてそういう少年少女がこの国にたくさん生い育って欲しいという祈りの歌です」[*8]。

たしかに、この「『花さき山』に添えて」を読めば、戦後、日本人が失った「みんなのなかの一人だという自覚」を「自己犠牲」とともに覚醒させる意図があるという点で非常に道徳教育的色彩が濃い絵本であることが確認できる。斉藤は、第二次世界大戦後、自分自身を自由に解放して精一杯生きる人々の姿を評価しながらも、みんなのなかの一人だという「太い心棒」すなわち「みんなのなかでこそ、みんなとのつながりを考えてこそ、自分が自分である」ということを忘れているのではないかと警鐘を鳴らしている。その上で、誰もが持っているやさしい気持ちを心のなかの花にたとえて、自分より小さく弱いものへ配慮しなさいというメッセージを発しているのである。

◉主人公「あや」の自己犠牲物語を「つながり」の覚醒として捉え直す

この絵本は、自己犠牲の美徳を教える絵本であると受け止められたり、辛抱や我慢、欲望を抑えることの意義、すなわち禁欲について教える道徳的な絵本であると受け止められたりする。基本的には、他者への配慮による自己犠牲の物語という意味付与がなされ、道徳的なお話として、「あや」の禁欲行動が注目され賞賛される。

環境教育ないしは消費者教育的な視点からしても、「あや」が自分の家庭の貧しさ（経済状況）を知っていること、そして、妹が晴れ着を買ってもらえるように自分は晴れ着を我慢する選択肢があるということを認識するのは重要なことである。主人公「あや」の描かれかたとその評価は、けっして否定的なものではないし、この絵本そのものを根底から否定する表向きの根拠はほとんどない。逆に、商品購入への欲求が際限なく拡大し、手放しの快楽主義が横行するような消費社会において、忘れられたかのような禁欲という選択肢を提示するという点では、この絵本はおおいに評価すべきである。このような理解は、作り手である斉藤隆介の意図をきちんと反映しているので、あながち間違った解釈ではない。

しかしながら、そうした点を十分認識していたとしても、『花さき山』にやや否定的な印象を抱く点がある。昨今のテロや紛争と同時に先の日本の戦禍を思い起こせば、現在、単純に「自己犠牲」はすばらしいと断言できるほどナイーブではいられないからである。「自己犠牲は美徳である」としても、時と場合、理由、そして何よりも自己犠牲の意味了解による。消費行動の禁欲が他者の商品購入による満足に繋がるという理解だけで他者の行動を正当化し手放しで賞賛することはできない。さらには、「みんなのために」や「この国のために」という言葉に、全体主義的な危険なにおいを感じる。「自己犠牲」という徳目の上に、危険な発想が入り込む余地は十分にある。

それゆえに、この物語を解釈する上では、「花」の意味解釈を親は子どもに付け加えて語らねばならないことになる。教材としての分析もそこに第一に着目すべきであろう。単なる「自己犠牲」や「禁欲」ではなく、それがある種の「つながりの覚醒」にもつながるという解釈を加えなければなるまい。自己の存在のありかたに関する哲学的考察がなければ、この話に深みはもたらされない。そこに親の「教え=学び」が存在する。

フロムの用語法を持ち出して「あや」の存在様式を分析すれば、妹の「そよ」の喜びが自分の喜びと繋がっているということに、二重の意味での喜びを見出す「あや」は、「在る存在様式[*9]」のなかで生きている。単なる自己犠牲という用語では代えがたいような、他者との「つながり（being with）」を「あや」は積極的に生きている。

ただ自分だけが我慢するのではなく、「在る存在様式」に目覚めていることを自覚でき、喜びを共有できる存在としての「山ンば」がいたり、それを認めてくれるような花が咲く場所があると信じることができるからこそ「あや」の心は平安であり、次からも我慢できるのである。

他者とつながってそこにあるということを、心のなかの「花」という形で自分のなかに発見することができる。そうした評価基準があることがこの絵本で示されている。モノを所有することや欲望を満たすことでアイデンティティを保つ以外の生きかた、すなわち「在る存在様式」があることをこの絵本は教えてくれる。

しかも、双子の弟のために両方のおっぱいを譲ったという兄も、「在る存在様式」を生きているといえる。十分に注意を喚起したいのは、分け与え禁欲したのは、祭り着という商品（ないしは手作りのものであっても、材料はあくまでも商品であるという意味で）ではなく、母乳という市場経済で商品化されていないものや乳房を触るという安心感という点である。

斉藤が「祭り着」という金銭で購入できる商品だけを持ち出したのではなく、母乳と乳房でも例示しているところに深い意味を見出す必要がある。商品購入ではなく、それ以外のものの私的所有についても、斉藤は共有への示唆を与えているのである。空気や水、景観や臓器など、金銭で取り引きできないものについても、親は子どもとともに「教え＝学び」を行うことができる。

付言しておくとするなら、いのちを投げ出したとき、山ができたという物語についていえば、人間と山との「つながり」をもたらし、自然にかかわるという「つながり」をもたらす点にも注目したい。他の命や動植物、自然との「つながり」を重視する生きかたがあるという点を指摘すれば、おそらくこの絵本が全体主義へ傾倒するなどという見当はずれな批判は受けないであろうし、メタファーとしての「花」の教育的な意味も理解できる。

◉『花さき山』の環境教育的理解を深めるために

上述のように『花さき山』は「あや」の自己犠牲の物語であるが、「在る存在様式」への目覚めと金銭では取り引きできないものや自然からの贈与の共有という観点も提起する。環境教育に引き寄せた理解が可能な物語である。

仮に環境問題が現在のように深刻化した状況において、斉藤がもういちどこの話を書き直すとすれば、世界各国に存在する貧しさのあまり衣服を買えない人々に配慮して、幼い姉妹ふたりともが晴れ着を購入するのを我慢するという選択肢を示し、母親もそれを美徳として子どもたちに勧めるストーリーを構成するかもしれない。

または、分け与え禁欲する対象を空気や水、土地といったものに拡大すれば、環境倫理学で主張されるような地球有限主義に基づく徳目を教える絵本としても有用である。自然物である山や川、海のために、ある種の環境配慮型消費をしなさいとでも教える教材としても有効であるかもしれない。そのような使い方の功罪はさておくとしても、禁欲や現在の生活を振り返る上での視点を与えてくれる点で、子どもばかりではなく親にとっても、『花さき山』は、消費者教育的要素だけではなく環境教育的要素を含んだ絵本である。

また、消費は何度も繰り返されることによって習慣になってしまうが、この絵本は習慣化を阻止する契機になる点にも留意したい。すでに指摘したように、幼児期に経験した購入行動や、購入時における家庭でのやりとりや消費に関する基本的な体験は、その後の消費行動において容易に自覚化されない身体的技法となる可能性が高い。惰性的に反復する消費行動が定着してしまうと、成人期以降においては容易にその形態を変えることができなくなる。現在では、幼児期に購入の欲望を抑制して、我慢させる契機はあったとしても、それが他者との「つながり」において意味を持っているということまで教えることは困難である。欲しいモノを我慢することの意味を容易に見出せない幼児にとって、この絵本は自己の欲求を抑えなければならない理由があることに気づくための入門書ともなる。

ところで、主人公「あや」の禁欲に目を奪われがちだが、是非とも注目しなければならないのは、斉藤が自然の所産と人間とのかかわりにおいてこの絵本を仕上げていることである。物語の導入部分では、「あや」は、自然の恵みである山菜を取りに山奥に入り込み、そして迷ってしまうのである。しかも、町のなかではなく、山中で一面に花が咲く山を見つけるのである。見返りを期待しない自然からの贈与である山菜を受け取りに入ることは、近代以降の労働概念の枠組みにはおさまりきらないような、小さな女の子の狩猟・採集生活であり、金銭は介入しない。だが、『花さき山』は、自然の所産と人間とのかかわりを語る。その点で、珠玉の絵本なのであるといえる。

しかも、「花さき山」ばかりではなく、あちらこちらにある山が、人間の命をかけて作られていることが指摘されている。つまり、自然との和解において里山のような循環型の生活ができるような場があることを示唆しているのである。

さらに、こうしたことを教えてくれるのが、「あや」の両親や町の人ではない点にも注目しておこう。教師でもなければ人間でもない。基本的な価値観を共有する人々の共同体には実在しないような世俗外個人である「山ンば」が教えるのである。「山ンば」は「在る存在様式」を目覚めさせたともいえる。「山ンば」は世俗外個人だからこそ、そうした「教え」ができた。だが「在る存在様式」への覚醒は、市場原理の現実を教える教師には不向きである。だからこそ、斉藤は、世俗外個人である山姥を登場させていると考えられる。

『花さき山』では、所有の放棄と欲望の禁欲の重要性が、世俗外存在である山姥によって教えられている。山姥は、まったく見返りを期待しない純粋な「知」の贈与者としてのソクラテス的な教師として登場する。それゆえ、共同体外の新しい価値観のパラダイムを子どもに知らせることができる。共同体の大人たちは、「あや」の話を笑って取り合わなかった。「夢でも見たのではないか」とまで言う。しかし、「山ンば」は共同体外の価値基準を満たす「花が咲く」という状況に「あや」を目覚めさせる。共同体のなかでの「夢」を見ている人々を覚醒させるのである。「夢」でも見たのではないかと嘲笑される「あや」だが、逆に現在の共同体の価値基準が「夢」ではなかったと問い返されるのである。

3 消費の抑制を教える絵本

◉「もったいないばあさん」の登場——消滅した世俗内個人が絵本のなかで再登場する

かつては存在したが、現実には少なくなった世俗内の人物を絵本のなかに登場させて、その人物に教師としての役割を担わせるという手法もある。世俗外個人ではなく、過去の世俗内の人物を描き出すという手法である。『もったいないばあさん』[*10]では、ある老婦人が、教育者すなわち「もったいないばあさん」として登場する。「もったいない」をくちぐせにする「もったいないばあさん」が、絵本のなかで子どもの食べ残しを叱ったり、歯磨きのときに水を出しっぱなしにするのを叱ったりする。この絵本については、「もったいないことをするな」というだけの説教くさい読みものであり、基本的生活様式を幼少期に刷り込む（インプリンティング）ための絵本であるという皮肉な見方をすることもできる。しかし、もうすこし違った見方もできる。

昔はどこにでも実在したおばあさんが、「もったいない」を現実の世界で教えていたのだが、そうした人が少なくなり、たまにきた孫におもちゃやお菓子を与えて甘やかすだけの存在になったからこそ、絵本に登場したのだとも考えられる。そのように捉えれば、絵本には実在の世俗内個人が教えられないことを教えることができる点に魅力があるともいえる。

従来の環境教育の指導者は、所属する共同体内の価値基準やパラダイムを教える役割を担ってきた。そして共同体外の価値基準についてはそれほど問題にしなかった。だが、絵本には、そうした指導者が教えられないことを教える可能性がある。その意味で、親と子どもの「教え＝学び」を実り豊かなものにしてくれるのである。それは新たな環境教育の地平を切り拓いている。

「絵本のなかの環境教育」のメッセージを受け止めれば、自然環境や動植物のなかで生きることが心地よいものであることや、自分の生が何よりも望まれていて価値あるものだと思えるようになる。しかも、自分のいる世界への信頼や新たなる社会へ飛び出す「勇気」を教えられる。メカニカル＝テクニカルな環境教育の知識やテクニックで、現在の環境危機を生きる不安を払拭するのではなく、「物語」のなかに新しい時代と社会への愛を見出すところに、こうした既存型環境教育の意義が認められる。

◉『ハリネズミと金貨』――「持つこと」より「在ること」を教える絵本

金銭ではおきかえられないかかわりや、消費の概念では捉えきれない世界を認識するのに有効な絵本もある。次にそうした絵本を見ておこう。

『ハリネズミと金貨』[*11]という絵本の原作は、ウクライナの児童文学作家であるオルロフ（一九三〇〜一九九九）によるものである。この絵本の表紙のタイトルの上には「ロシアのお話」というサブタイトルが付され、帯には「ハリネズミのおじいさんと動物たちの、思いやりあふれるロシアのお話し」という宣伝文句がある。おおよそのストーリーは次のようなものである。

年老いたハリネズミが、森の奥の草むらで、落ちている小さな金貨を拾うことからストーリーは始まる。拾い上げた金貨を見ながら、ハリネズミは、自分はもう年老いて冬支度をするのが大変なので、この金貨で干しキノコを買おうと決心する。金貨を持って干しキノコを買おうとして店を探し始めるのだが、もうどこにも売っていないことに気付く。

探している最中にたまたま知り合いのリスに出会う。そして、そのことを話すと、リスは、「なあんだ、キノコがほしいなら、わたしが、ただであげるわよ！」と言って、干しキノコのいっぱい入った袋を木の上からハリネズミに投げてやる。そして、ボロボロになっているハリネズミの靴を見ながら、金貨を持っているのなら、その金貨で靴を買うといいよと助言する。

そこでハリネズミは、今度は靴を探しにいく。だが、途中でカラスに出会って、状況を説明する。そうするとカラスは「靴ぐらい自分が作ってやるよ」と言い、靴を作ってくれるが、これまた金貨は受け取らない。

続いて、靴下を買おうと思って探しているうちにクモに出会い、またもやクモに靴下を編んでもらう。クモはその金貨はまたどこかで役に立つから大事にしまっておけばよいと助言する。

最後には、子グマが出てくる。ハリネズミが頼んでもいないのに、冬ごもりに必要なハチミツを差し出す。母グマが、ハリネズミに渡すように言いつけたのだという。子グマは、自分が母グマと冬ごもりをすることを伝え、「春になって目がさめたら、またいろんなお話きかせてね」とせがむ。

子グマが見えなくなるまでじっと見送っていたハリネズミは、最後に、「だれかの役にたつかもしれんしな！」と独り言を言って、もともとあった付近に金貨をおいて冬眠する。


この絵本は、金銭でのつながりではない「つながり」を目覚めさせる絵本である。他者とつながってそこに存在するという意味では「在ること」を教えてくれる絵本でもある。

この絵本の下敷きになった児童文学が出版された場所はロシアであり、オルロフの生没年から想定できる時代は二〇世紀半ばである。絵本の読み手が生きていたのは、市場経済で自分が欲しいものを欲しい分だけ金銭で入手できた時代と場所ではない。

しかし、ハリネズミは、子グマにお話を読んであげるなど、普段から友人に親切にしている。そうした様子がうかがえる。そのように普段から損得計算抜きに付き合える友人を持っていれば、金銭がなくてもなんとか自分が生きていけるということを示す説話と理解することができる。友人を大切にしなさいというメッセージ性を持つ絵本であるとも理解できる。親子で読み語りをする場面では、親は子どもに、他者には喜んで施しなさいというメッセージを出す契機をもたらす絵本であるとも考えられる。

いずれにしても、多くの示唆的な内容が含まれているので、読み手にとっては多様な理解が可能である。この絵本が読み語られる際には、人と人が金銭という媒介物を用いなくても助け合って生きることができることを学ぶにちがいない。

最も重要な点は、お金を得ることが目的となって、お金を通じて結びついている人々の姿が見えなくなっている時代に、社会というものの原点である世界の意味、つまり人と人が寄り添って、つながって生きることの意味を思い出させてくれる点である。金銭教育や金融教育でお金の使い方を学ぶことも重要であるが、人々のこうした「つながり」を思い起こさせることも重要であるという提案をしている絵本であると読み解くこともできる。

また、リスの「靴を買ったら」という助言や、クモの「そのお金はどこかにしまっときなよ」という助言は、購入を促したり貯蓄を促したりするという意味で、消費者教育的配慮を有している発言である。こうした配慮や援助が存在することを知ることも、幼児にとっては意味のあることだろう。

母グマがハリネズミのことを慮って、頼みもされないハチミツを届けてやるという配慮から学ぶべきこともある。他者に自主的に何かを差し出すという純粋な贈与的行為が、自分の存在を金銭とは決定的に違う別の「つながり」の次元に引き戻すのである。金銭や労働の等価交換の社会に生きる人間に、生きかたのもうひとつの対立軸——「在る存在様式」——があることを教えるのである。
昨今の消費者教育では、「お金で、何をどのように買うのか」「どのように支払うのか」といったことや「どうすればだまされないのか」に重点をおいている。複雑になった現実の日本の経済のなかで生きている子どもたちには、それもたしかに重要である。だが、こうした絵本のなかでは、お金がなくても助け合う精神を教えられる。金銭を介しなくても人と寄り添うことで生きていける心暖かい人称的世界での共同体をつくることができるということを教えることは重要である。『ハリネズミと金貨』は、お金で交換しなくても生きていけるということを示唆してくれる絵本であるともいえる。

●環境問題をテーマとする絵本の登場

環境問題について教えようとする絵本も登場した。たとえば『だいじょうぶ？　だいじょうぶさ！　NO PROBLEM!』[*12]という絵本には「地球を考える。森の動物たちと自然の大切さを学ぼう！　環境絵本」と記されたシールが貼られている。この絵本は、地球にあふれ出た汚染物質をどこにも持っていけないというテーマを扱っている。地球有限主義を示すような絵本である。

そのあらすじを紹介しておこう。

主人公のネズミであるアルバートは、プラスチックのビンやビーチボールといった「すてきなもの」で自分たちの暮らしが便利になるものをたくさん作る機械「スーパーマシン」を製造する。しかし、その機械は製品を製造する途中に、ちょっとネバネバした紫色の「おせんぶっしつ」（汚染物質）を排出する。アルバートはその「おせんぶっしつ」を埋めたり、海中に沈めたり、宇宙へ捨てたりするが、すべてうまくいかなくなって困る。

最後には、「おせんぶっしつ」をうまく捨てられなかったことだけではなく、スーパーマシンを作ったということも夢だったというオチがつく。

訳者である小宮悦子は「あとがき」で次のように述べている。

「アルバートは夢ですんだのですが、ほんとうはこのちきゅうに、どこへももってゆけない『おせんぶっしつ』があふれてしまっています。おとなたちが、べんりなものといっしょにたくさんつくってしまったからです。空気も水も森も、それから食べ物も、ずいぶんよごれてしまいました。おとなのひとりとして、みなさんにあやまらなくちゃなりません。そうしてこれからは、『おせんぶっしつ』をなくすためのスーパーマシンを、みんなでつくっていくしかありませんないと、たいへんなことになってしまいます*13」。

この絵本には明らかな矛盾と深刻な問題点も含まれている。

この絵本でいう「スーパーマシン」はまだできあがっていないというが、現実にはすでに汚染物質を排出する機械は製造されている。汚染物質も排出されている。「夢」では済まされない。しかも、小宮は汚染物質を除去する「スーパーマシン」を作ろうと呼びかけている。だが、それでは科学技術至上主義を助長するだけで、根本的解決をもたらさないのではないか。

環境問題は、本質的に危機を感じさせる「問題」であるので、その実態を知れば知るほど絶望感や無力感が広がる危険性がある。だから、「大丈夫」と子どもたちに伝えることは大切なことであるとも思われる。だが、だからといって、科学技術で問題が解決できるような表現は、子どもたちを混乱させるだろう。このように絵本の意図は理解できるとしても、矛盾や無理が山積しているものも少なくはない。

◉環境教育絵本の登場

地球環境問題を意識した「環境教育絵本」については、次章でくわしく述べる。だが、あらかじめ、その特徴を簡単に把握しておこう。

典型的な環境絵本のひとつとして、世界自然保護基金（ＷＷＦ）やグリーンピースなどの環境保護団体に所属しているアメリカのシメール（Schimmel, S. 一九五四〜）の絵本を取り上げよう。シメールは、一九九一年に画集『Our Home 我が家』[*14]で、「地球という星」をテーマに創作活動を開始し、以来、『地球のこどもたちへ』[*15]、『母なる地球のために』[*16]といった、地球をテーマとした環境絵本を描き続けている。そのメッセージは『地球のこどもたちへ』のなかの次のような文章に凝縮されている。

親愛なる地球のこどもたちへ
これは助けを求める手紙です。
私は惑星、地球。ただの星ではありません。
あなたがたの住む家、母なる地球なのです。
そしてあなたがたと同じように、わたしの体はたったひとつきり。
ひとつしかないということは、
とくべつな、かけがえのない存在であるということ。
いつも愛され、大切にされなければならないということです。
あなたと同じように。[*17]

以上のように、地球が唯一のかけがえのないものであるという認識が示される。そして次のような文章が登場する。

わたしは、あなたがたの住む星
（中略）
あなたが愛し、大切にし、守ってくれさえすれば、
私はずっと、あなたがたの家でありつづけられるのです。
いつまでもいつまでも永遠に。
みんなを心から愛しています。*18

シメールの絵本では、生命を抱く唯一の存在として地球が描かれ、大切にしましょうというスローガンが出される。環境教育絵本では、宇宙に浮かぶ青い地球が丸ごと描かれるようになった。絵本の歴史において、丸い地球が描かれたこと自体がエポックメイキングな「事件」である。

宇宙で撮られた地球の写真を見せられた場合、私たちは、地球が宇宙のなかに浮かぶひとつの島であることに気づく。限られた空間のなかで時間の旅行をしているという宇宙船地球号のイメージは、歴史上のどのような発見よりも強い刺激を人々の心に与える。わたしが子どものころ（一九六〇年代ごろ）には、すくなくともそうした写真や絵本は流通していなかった。しかし、今では地球を描いた絵本が数多く出版されている。それは環境教育絵本の最大の特徴のひとつである。

こうした地球を描いている絵本は、環境倫理学の祖として高く評価されているレオポルド（Leopold, A. 一八八七〜

一九四八）の「土地倫理（land ethic）」的な視点が入り込んでいる点で評価できる。[19]

また、同じような内容を扱いながら、さらに広い視点にたつ絵本もある。イギリスを代表する絵本作家バーニンガム（Burningham, J. 一九三六〜）の『地球というすてきな星』[20]では、子どもたちからの真摯な働きかけに応じて大人たちが変わっていく可能性が描かれている。つまり、環境の変革の「物語」を大人と子どもが手をとりあって創作しましょうというメッセージが見てとれる。地球を守るというテーマから出発して、後世代が前世代の変容を迫ることを視野に入れた珠玉の作品である。

こうした環境絵本を通じて、子どもばかりではなく大人も、地球の有限性、世代の相互変容、そして何よりも環境問題が解決できるという希望を感じとることができる。それが、環境絵本においてもっとも重要なことであるように思われる。だが、環境絵本の特徴は、次に述べるように、地球、自然物、環境悪化に苦しむ動植物それぞれに対する視点が入り込んでいるところにある。ごく簡単にそれを確認してみよう。

◉自然物の内在的価値を扱った環境絵本

ところで、環境絵本の特徴は、地球を扱っているということに限らない。空気や水、川、海、湖沼、山、森、景観などもこうした環境絵本の特徴になっている。自然物の内在的価値を扱った環境絵本も数多い。たとえば、地雷撤去運動に取り組んできた典型的な啓蒙的絵本作家である葉祥明（一九四六〜）の、『ジェイクのメッセージ――空気はだれのもの？』[21]がある。この本のなかで葉は、地球や動植物のいのちや空気に関して次のように述べる。

森の木は、地球にとってとても大切なの。
空気をきれいにしてくれているのに、

畑や牧場や道路や住宅、遊び場所のために、
人間たちが、勝手に切ったり焼いたりし過ぎているの。
（中略）
ジェイク、人間たちに伝えて。
これ以上、空気を汚さないでって‼
お金のためや自分たちの楽しみのために、
何億年もかかってできた、
わたしたち空気と水と大地と植物、川や海という
命のサイクルをこわさないでって！
（中略）
でも、どうしたらいいだろう？
電気や水を、むだにたくさん使わないこと、
食べ物も、物も、必要なだけつくって大切にするの。
自分だけの楽しみのために、
自然をこわしたり、よごしたり、
生き物を傷つけたり、苦しめたりしないことね。[*22]

葉のメッセージは、メルヘンの世界の犬「ジェイク」のメッセージという形をとって、自然物や動植物には人間にとっての有用性や評価を抜きにした価値や権利があることを、わたしたちに思い起こさせる。また、財やサービス、エネ

ルギーなどについて自発的に消費の制限をしようという環境倫理的な側面にも気づかせてくれる。

ただ、注意したい点は、「し過ぎている」「むだに」「必要なだけつくって」などに見られるように、メカニカル＝テクニカルな環境容量を想起させるような見方が入り込んでいる点である。使いかたによっては、科学的でメカニカル＝テクニカルな環境教育の補助教材になりかねない。それでも、こうしたメッセージは基本的に十分評価できる。

最後に、環境絵本のもうひとつの特徴として、環境悪化に苦しむ動植物への視点があることを簡単に見ておこう。

有明海諫早湾の干潟に棲む生き物たちに思いをよせて、小学生の女の子が描いた絵本『むったんの海』[*23]では、巨大な堤防で湾が閉められ、干潟がカラカラに乾いた結果、ムツゴロウが苦しむ姿が描かれる。海や空気をきれいにして、人間ばかりではなく動植物を救いたいという女の子の気持ちが現れている。環境絵本に限らず、動物をテーマにした絵本は多いが、子どもが環境問題を契機として、自分から環境悪化による動植物たちの苦しみを描き出したことは新しい動きである。偶然こうした絵本を読むこと自体が原初的な意味での環境教育となる。

ここで見てきたように、環境絵本には、地球、自然物、動植物への視点がある。それらは無関係な視点ではなく、環境倫理学に裏づけられている点で相互に関係しているともいえよう。ただし、以上の環境絵本は直接的であれ間接的であれ、メカニカル＝テクニカルな意味で発見された地球環境問題への関心を契機として生まれてきた絵本である。だが、それはひとつの理念型環境教育と既存型環境教育の融合形ともいえる。

以上のように、環境絵本という児童文化財は、現在の環境倫理学を踏まえて書かれていることがある。それは大きな魅力である。もちろん。それ以上に、人間が環境と折り合いをつけて生きてきた営みのなかにある教えと学びを非常に明快な形で含んでいる絵本もある。次章では、こうした絵本を新たに作り上げる動きがあることをに触れてみよう。

註

＊1　バージニア・リー・バートン／作、石井桃子／訳、一九六五（原著一九四二）『ちいさいおうち』岩波書店。

＊2　前掲書、三八―四〇頁。

＊3　アルド・レオポルド、新島義昭／訳、一九九七（原著一九四九）『野生のうたが聞こえる』講談社、二五八頁。

＊4　谷川俊太郎／作、元永定正／絵、一九七七『もこ　もこもこ』文研出版。

＊5　アメリカの大学教授であったバスカーリア（Buscaglia, L.F. 一九二四～一九九八）が、生涯で唯一描いた『葉っぱのフレディ――いのちの旅』（島田光雄／画、みらいなな／訳、一九九八、童話屋）は、『もこ　もこもこ』理解の手がかりとなる。この絵本は、かえでの葉っぱであるフレディが、四季の移りかわりとともに生まれ、育ち、枯れ果てて死んでいく話である。生命の循環を感じさせる。同様に、犬の「しろ」のウンチがきれいなタンポポの花になるストーリーの『こいぬのうんち』（クォン・ジョンセン／文、チョン・スンガク／絵、ピョン・キジャ／訳、二〇〇〇、平凡社）も参考になる。自然の循環の仕組みを描いているからである。循環型社会を描いた環境絵本も参考になる。『ピカピカ』（田畑精一／作、一九九八、偕成社）では、捨てられた自転車が修理されてアフリカへ送られ大活躍する。リサイクルを扱った紙芝居『変身ランドへＧＯＧＯ』（〔財〕消費者教育支援センター／編、一九九一、消費者教育支援センター）では空き缶のリサイクルが語られる。『もこ　もこもこ』にはさまざまなモノの循環の視点が含まれているといえよう。

＊6　斉藤隆介／作、滝平二郎／絵、一九六九『花さき山』岩波書店。

＊7　前掲書、一〇―一四頁。

＊8　同書、裏扉。

＊9　Fromm, E. 1976. *To Have or To Be?*. Bantam Books.

＊10　真珠まりこ／作・絵、二〇〇四『もったいないばあさん』講談社。

＊11　V・オルロフ／原作、田中潔／文、V・オリシヴァング／絵、二〇〇三『ハリネズミと金貨』偕成社。

＊12　ダビッド・モリション／著、小宮悦子／訳、一九九八（原著一九九七）『だいじょうぶ？　だいじょうぶさ！　NO PROBLEM!』小学館。

＊13　前掲書、カバーの裏書。

＊14　シム・シメール／絵・文、北山耕平／訳、一九九一『Our Home　我が家』小学館。
＊15　シム・シメール／絵・文、小梨直／訳、一九九三『地球のこどもたちへ』小学館。
＊16　シム・シメール／絵・文、小梨直／訳、一九九八『母なる地球のために』小学館。
＊17　シメール、一九九三、二頁。
＊18　シメール、前掲書、三一頁。
＊19　レオポルド、前掲書。
＊20　ジョン・バーニンガム／作、長田弘／訳、一九九八『地球というすてきな星』ほるぷ出版。
＊21　葉祥明／絵・文、リッキー・ニノミヤ／英訳、一九九七『ジェイクのメッセージ　空気はだれのもの?』自由国民社、三〇―三四頁。
＊22　前掲書、二六頁。
＊23　寺田志桜里／絵・文、一九九九『むったんの海』くもん出版。

第7章

市民が創る環境絵本の意義——理念型環境教育と既存型環境教育の融合形

1 環境絵本の定義と分類

◉「環境絵本」という用語の登場をめぐって

本章の目的は、環境絵本が登場してから現在にいたるまでの制作史を概観し、その分類と分析を行うことである。こうした考察によって、絵本を用いた幼児期や学童期における環境教育の地平を切り拓く布石としたい。なお、以下では、後にくわしく検討するまでは、文中の表記はひとまず括弧なしの環境絵本（environmental picture book）としておこう。

ここでは、まず環境絵本という用語が登場した経緯について予備的に検討するとともに、まちづくり活動と子ども自身が描き出した絵から始まる環境絵本の起源に触れる。次に、環境絵本を選別・分類する。さらに、どのような経緯で環境絵本が制作されているかについて、制作者別に概観しながら、環境絵本の特徴を分析する。最後に、環境絵本の意義と限界に言及する。

まず、一般的な意味で環境絵本という用語が現代社会に登場してきた経緯と、それとほぼ同時期に出版された初期の環境絵本に言及しておこう。

環境絵本という用語が日本で使われ始めたのは一九八八年から一九九〇年にかけてである。一九九〇年四月に、当時の熊本県八代郡鏡町（現在の八代市）の鏡町教育委員会が企画し、「鏡町まちづくり絵本の会」が二年がかりで制作した『くすのきは見ていた――鏡町もやい物語』[*1]が発行されている。

この絵本作りを指導した熊本大学工学部教授（当時）であった延藤安弘氏は、絵本制作に先立って、ある新聞に「まちづくり絵本創作を」と題して、「子どものときから、環境を守り育てる心を養うまちづくり絵本の創作を呼びかけたい」と書いている。環境絵本という用語こそ使われてはいないが、よりよい街や環境を作るための絵本創作の意義が述べられており、間違いなく現在の環境絵本に通じる発想が看取できる。[*2]

延藤は、この「まちづくり絵本」の制作過程などの内容を倉原宗孝とともに一九九〇年に「住民による環境絵本創作におけるまちづくり意識の高揚に関する考察」[*3]にまとめている。これは、学術論文のタイトルとして環境絵本という用語が日本ではじめて使われた論文であり、環境絵本の原点がまちづくりにあることが明らかにされている。

昨今では、環境絵本と題される絵本や環境絵本とみなされる絵本が多数出版されている。したがって、現時点で環境絵本という用語法と視点をもって、一九九〇年以前の絵本（史）を眺めれば、それ以前にも自然環境を主題とした絵本という意味で環境絵本は存在していたといえる。前章で見た通りである。もちろん、それらの絵本も含めて広義の環境絵本と呼ぶことができるが、この用語が登場したからこそはじめて、それらの絵本を環境絵本と把握することができるという点には留意すべきであろう。そのため本章においては主として一九九〇年以降に出版された絵本について検討する。

さて、環境絵本という用語がタイトルやサブタイトルなどに付された最初の絵本は、一九九二年四月に、大学教師らが監修しポプラ社から出された『かんきょう絵本』[*4]（全一〇巻）である。監修者の一人である愛媛大学農学部教授（当時）であった立川涼氏によれば、当時は小学校低学年向きに環境問題をわかりやすく解説する本がなかったので、ポプラ社の担当者からの要望を受けて制作したという。[*5]

また、同年には、環境問題を扱ったという意味で間違いなく環境絵本のひとつであるといえる『がんばれエコマン地球をすくえ！——環境問題を考える絵本』[*6]が出版されている。その後、一九九三年には、「地球の自然と環境を考える絵本のシリーズ」と副題が付された『トラと人間』『南極のペンギン』『ジャングルの動物』[*7]という三冊シリーズの環境絵本も出版されている。

環境絵本と銘うたれた絵本の登場とともに、環境絵本という呼び名もしだいに一般化したようである。たとえば、深入りは避けるが、一九九四年の日本保育学会の年次大会では、環境絵本が取り上げられ、「幼稚園における環境教育（一）——絵本を教材とする視点から」という学会報告もなされている。[*8]

以上のように、一九九〇年前後の時期が現代的な用語である環境絵本の発生期であり[*9]、環境絵本それ自体の起源である。昨今では、自然絵本、地球絵本、エコ・ブックなどの用語も用いられているが、環境絵本という用語の経緯を詳細に辿ることは、自然発生的に生まれてきた市民参加型の環境教育の再発見につながる重要な事柄であることを確認しておきたい。

◉環境絵本の定義と分類

では、ここでいう環境絵本とは何か。どのような特徴や内容を有する絵本を環境絵本と呼ぶべきなのか。あるいは、環境絵本をどのように定義したり分類したりできるのであろうか。その点について考察したい。

絵本の定義については、一筋縄ではいかない奥深い議論がある。ここでは『現代保育用語辞典』[*10]など保育関係の辞典を参考に、「絵本とは、絵のみ、または、絵と文の二つのメディアを用いて、ひとつの主題や物語を表した本」と理解しておこう。

だが、この定義で把握できる膨大な絵本のなかから、漠然と環境に関係があるという絵本だけを厳密な抽出方法で抜き出すのは大変困難な作業である。そこで、主観的な判断が入る危険性は払拭できないが、環境絵本と考えられる絵本を次の方法によって抽出した。

まず、絵本のタイトルやサブタイトルに、環境絵本、環境教育、環境、自然、地球、エコロジー（エコ）が入っているものを抽出した。また、絵本のガイドブック類の概要説明を丹念に読み、テーマとして環境や環境教育を扱っている絵本を洗い出した[*11]。さらに、インターネット上の検索機能を使ったり、幼稚園教諭や保育所保育士、図書館司書、環境絵本のコンテストの関係者らに助言を仰ぐなどした。このようにして候補となる絵本を三五八冊入手した[*12]。

この第一次候補の三五八冊のなかには、環境教育の視点がそれほど入り込まないような絵本が多々含まれていたので、実際に絵本を読みながら、次のような観点を持つ絵本を環境絵本の第二次候補として絞り込んだ。

すなわち、
①客観的な手がかりから環境教育を意識して制作されていることが明白な絵本
②主題として環境問題を扱っていることが明白な絵本
③環境や環境問題に関連していると看取できる絵本
④自然や動物に関する絵本のなかから観点によっては環境教育に関連しているともいえる絵本
という四つの観点で絞り込んだ。簡潔にいえば、作者および出版社などの作り手が、環境教育のために活用しようとしている意図が明確にわかる絵本と、作り手の意図は別として、読み手が環境教育的な観点を認めることのできる絵本を一八五冊選別した[*13]。

第二次候補となるこれらの絵本をさらに詳細に検討した結果、前述の四つの観点を踏まえ、それらが、①環境〈教育〉絵本、②環境〈問題〉絵本、③環境〈関連〉絵本、④自然絵本、に分類できると考えられた。そこで、次のような分類区分を設定し、さらに分類を正確なものにした。

第一に、環境〈教育〉絵本とは、タイトルや内容ばかりではなく、絵本の「あとがき」や「解説」、付された本の帯、袖、カバー、シール、しおりに、「環境絵本」「環境啓発」「環境保護」「地球を守るために」という言葉が使われており、制作者、すなわち、作者や訳者、画家、企画者や出版社などが環境教育の教材として用いられることを認識していることが確実にわかる絵本である。

たとえば、絵本のサブタイトルに、「みんなで守ろう環境！シリーズ」という言葉が付されていたり、*14「啓発用環境絵本の発刊にあたって*15」というタイトルの文章が解説として印刷されていたり、「地球を考える　もりの動物たちと自然の大切さを学ぼう！環境絵本*16」というシールが貼られていたりする絵本である。

このように分類する際には、直接的に絵本のなかには表現されていなくても、制作者である地方公共団体や企業などが、ホームページや報告書などの絵本本体以外の媒体で、その意図が環境教育的であると判明する絵本も含めた。ひとつひとつについて、その根拠をあげることは避けるが、環境教育的意図が鮮明である絵本については、環境〈教育〉絵本として分類した。

要するに、①環境〈教育〉絵本は、象徴的な形で環境問題を取り扱い、その内容面から環境保全に関する啓発の側面が強調されている絵本で、「……すべし」という当為を示すメッセージ性が強いものである。

第二に、環境〈問題〉絵本は、扱っている内容や主題が事実としての環境問題である絵本、あるいは、内容が抽象的で概念的であっても、モチーフが環境問題である絵本である。現実的な環境問題の解説書となっている絵本としては、たとえば、諫早湾の干潟の干拓をテーマにした『海をかえして！*17』などが代表的なものである。このように客観的事実を扱う絵本を環境〈問題〉絵本と分類した。

そのため、環境〈問題〉絵本のなかには、大学生や大人を対象としているのではないかと疑うほど高度な内容を盛り込んだものもある。たとえば、『自然と環境の絵本　森の中のフロイド』『自然と環境の絵本　町をいくフロイド』[*18]などがそれである。個別の言及は控えるが、消費生活やリサイクルに結びついたものもあり、子どもにも科学的知識を正確に伝達しようとする意図と消費生活に関する方向づけをしようという意味で消費者教育的な意図が入り込んでいることもある。

要するに②環境〈問題〉絵本とは、事実として実際の地球環境問題や地域の環境問題を扱った絵本で、環境問題が「……である」という事実を伝えている性格が強い絵本である。

第三の環境〈関連〉絵本は、環境教育を意図して書かれてはいないが、環境や自然に関する「教え＝学び」を含んでおり、観点によっては人間の生きかたにかかわる絵本である。上記の環境〈教育〉絵本と環境〈問題〉絵本と明確に異なるのは、環境教育という視点を持つ読み手が読んでこそ、環境教育的要素を発見できる絵本であるという点である。たとえば、前章で検討したように原典が一九四二年に出版され、日本では一九六五年に翻訳・出版された『ちいさいおうち』[*19]など、そのなかには環境教育という用語が一般化する以前に書かれた絵本も多い。

最後に、自然絵本とは、自然や四季の移り変わり、動植物の生態や暮らしぶりを題材とした写実的性格の絵本である。広い意味で自然と動植物を扱った絵本であり、写実的であったり、生活の様子にかなりのデフォルメが施されていたりするものもある。

このような分類区分を設けた結果、①環境〈教育〉絵本を五三冊、②環境〈問題〉絵本を四七冊、③環境〈関連〉絵本を三二冊、④自然絵本を五三冊選別した。

選別して検討した結果、③環境〈関連〉絵本と④自然絵本にも非常に示唆に富む魅力的な絵本が多々あるが、それらについては、環境教育を意識しているとは断定できないので本章での研究対象からは除外した。

したがって、最終的に本章においては、「環境絵本」とは、扱われているテーマが環境や環境問題、自然であるもののうち、教育的意図や環境教育的な意識が明白であるものに限定した。すなわち、本論文でいう括弧付きの「環境絵本」とは、「環境、環境問題、または自然を主題として、主たる読者層を子どもに設定し、ひとまとまりの物語と内容を伝達して、ある種の教育的・道徳的なメッセージを送ろうとしている絵本」である。

絵本」年表

出版年月	絵本のタイトル	備考
2000年10月	いつか　どんぐりの木が	①
2000年12月	富士山とひめねずみのチロ	②
2001年３月	啓発用環境絵本　しぜんをまもる　やさしいこころ　ガムッチおうじとどんぐりのき	①
2001年４月	ふくろうの森	②
2001年10月	あんこ①～②　子ネコの「あんこ」里山へ（ほか、全６巻。2002年５月までに順次刊行）	②
2001年11月	あんたも私もエコノザウルス	②
2002年１月	しあわせってなあに？	①
2002年４月	自然と環境のえほん　森の中のフロイド	②
2002年４月	ブーアの森	①
2002年４月	やつがだけのちっち	①
2002年５月	自然と環境のえほん　町をいくフロイド	②
2002年７月	かしの木おばばの魔法の木　魚になった三兄弟	②
2002年11月	動物かんきょう会議　テーマ　ゴミ	②
2002年12月	大きな玉子	①
2003年１月	動物かんきょう会議　テーマ　森	②
2003年１月	動物かんきょう会議　テーマ　クルマ	②
2003年７月	みんなで守ろう　環境！（全４巻）	①
2003年11月	100年後の地球	
2004年６月	森にいこうよ！	①
2004年６月	イルカのKちゃん	①
2004年10月	パンダくん　パンダ君　なにみているの？	②
2004年12月	リサイクルおてつだいロボットくるくる☆クルリンちゃん	①
2005年４月	ヘンリー　やまにのぼる	①
2005年11月	もったいないばあさんがくるよ！	①
2005年２月	しずくちゃんのたび	②
2005年３月	かこさとしの　自然のしくみ　地球のちからえほん　やまをつくったもの　やまをこわしたもの（ほか、全10巻）	②
2005年９月	ちきゅうは　みんなの　いえ	①
2005年11月	あの雲のむこうに	①

※１　本章で研究対象とした①環境〈教育〉絵本と②環境〈問題〉絵本を示した。備考の欄に①②とあるのは両者の区別である。
※２　絵本のタイトルのみを示した。ほとんどの絵本が、書名で特定できる。
※３　上記の表の中には、書店には流通していない絵本が含まれている。

表1 「環境

出版年月	絵本のタイトル	備考
1990年4月	くすのきは見ていた・鏡町もやい物語	①
1990年8月	イワナの銀平海へゆく	①
1991年5月	イワナの銀平山へかえる	①
1991年12月	地球の秘密	①
1992年4月	かんきょう絵本（全10巻）	①
1992年 出版月不明	がんばれエコマン　地球をすくえ！――環境問題を考える絵本	①
1993年2月	やまからにげてきたゴミをぽいぽい	②
1993年4月	地球のこどもたちへ Children of the EARTH − A Letter from Home −	①
1993年6月	地球の自然と環境を考える絵本のシリーズ（トラと人間、ほか。全3巻）	②
1993年8月	すばらしい！地球	②
1994年6月	かがくとなかよし　いのちの木　あるバオバブの一生	②
1995年3月	父は空　母は大地　インディアンからの手紙	①
1996年5月	東郷池のピョンタとケロッコ	②
1996年5月	ドンカッチョにあいたい・鏡町もやい物語	①
1995年5月	みんなで描いた地球――こどもたちの環境絵本	①
1996年11月	川はよみがえる（ナシア川の物語）	②
1997年6月	ジェイクのメッセージ　森が海をつくる	①
1997年8月	海をかえして！	①
1998年5月	おばけのもーりーとまーち　森からのこえがきこえる	①
1998年10月	地球というすてきな星	②
1998年10月	みんな　ちきゅうの　なかまたち	②
1998年12月	ジェイクのメッセージ　ジェイクと海のなかまたち	①
1998年12月	だいじょうぶ？だいじょうぶさ！NO PROBLEM！	①
1999年6月	空とぶメダカ　絶滅危惧種メダカのふしぎ　地球ふしぎはっけんシリーズ（全10巻。2007年3月までに順次刊行）	②
1999年10月	森のささやき A MESSAGE FROM THE FORESTS	①
1999年11月	オールド・ブルー　世界に1羽の母鳥	①
1999年11月	動物会議	①
1999年12月	とかち環境絵本　森から海へ　トカチプのめぐみ	①
2000年3月	環境絵本　ぼくとわたしの地球（全5巻）	①
2000年6月	もりのおくりもの	①
2000年7月	エレナとダフニ	①

繰り返すが、環境教育に自覚的な制作者によって一九九〇年以降に企画・出版（発行）されたと考えられる①環境〈教育〉絵本と②環境〈問題〉絵本をひっくるめて括弧付きの「環境絵本」（合計一〇〇冊）と把握し、それらを対象として考察を進める。そのリストは、表1の通りである。

もっとも、表に掲げた絵本以外の本を一般にいう環境絵本ではないとするわけではない。環境〈関連〉絵本や自然絵本を含めて、それらをどのように呼ぶかについては後日の判断にゆだねたい。

2 環境絵本の制作過程における環境教育的意義

◉環境絵本の制作史

「環境絵本」の制作史については、表1の通りであるが、次に、「環境絵本」の制作者としての子どもに言及したい。「環境絵本」が広まる契機の端緒は二つあり、ひとつは一九九一年に「環境ポスター原画コンテスト」が開催されたこと、もうひとつは同年に坪田愛華さんの「環境漫画」が話題になったことであるように思われる。その動きを順にみておこう。

環境に関するさまざまな啓発活動を展開していた地球環境平和財団は、一九九一年五月に環境絵本コンテストの原点ともいえる「子ども環境ポスター原画コンテスト」を開催した。以後、このコンテストは毎年国連環境計画(UNEP)との共催で、世界中の子どもたちに募集対象を拡げて実施されているが、その入選作品は「世界子供環境絵画展」として、ニューヨーク国連本部など各地で展開されている。一九九五年には、そうした絵画が、国連環境計画との共同編集で『みんなで描いた地球――こどもたちの環境絵本』[*20]にまとめられた。この本は、世界の子どもたちが「地球を救おう!」と訴えるメッセージを含む典型的な環境〈教育〉絵本である。

「環境絵本」コンテストの開催は増加している。たとえば、(社)日本ユネスコ協会連盟は、二〇〇三年から全日本空輸株式会社との共催で「私の青空　国際環境絵本コンクール」をはじめている。同社によれば、環境・自然・生物・資源(もの)を大切にする心を、次世代を担う子どもたちに伝えたいという願いを込め、このコンクールを通じて親子で環境について話し合う場を提供することを狙っているという。

第一回のコンクールには四三一点、二〇〇四年には三八二点、二〇〇五年には六六一点、二〇〇六年には四一九点もの応募があった。また、全日空広報室によれば、第三回と第四回の大賞作品は、一〇万部が印刷・製本され、ANAグループの航空機内はもとより、国内外の保育園・幼稚園・小学校などに配布された[*21]。合計一八九三点にも及ぶ応募作品の総数から、「環境絵本」制作者の広がりがわかる一方、合計二〇万部にも及ぶ配布状況から「環境絵本」の読者の広がりがわかる。

また、愛・地球博覧会（愛知万博）でも、自然や環境に対する思いを手作り絵本にするコンクールと位置づけられた環境絵本のコンテストが行われた。愛・地球博の瀬戸愛知県館で展示される県民参加プロジェクト「あいち環境絵本」の公募作品の選考会では、合計一八六点の応募があり、一三六点もの入賞作品が選ばれた。選考委員五人（委員長・杉田圭司愛知産業大学教授）は、「環境問題をストレートに表現するのではなく、物語のなかにいかに溶け込ませ、楽しい作品に仕上がっているか」を審査のポイントにしたという。また、愛知県は優秀作数点を印刷・製本し、会場で無料で配ることも考えているという[*22]。多くの人々が読み手になるばかりではなく、その描き手になろうとしているところに環境教育活動が存在しているといえる。

◉子どもが描く環境絵本

では次に、子ども自身が描く「環境絵本」について見ていこう。

一九九一年一二月、当時わずか一二才で脳内出血で短い生涯を終えた坪田愛華さんの作った環境漫画『The Secret of Earth 地球の秘密[*23]』は、タイトルこそ漫画とされてはいるが、描写された図画を漫画ではなく絵と認識すれば、間違いなく「環境絵本」といえる。

この本が出版されたのは、愛華さんの母、揚子さんが、残された絵本を「あの子が生きていた証になれば」と願って五〇部を印刷して同級生や教師らに配ったことにはじまる。その事実が、一九九二年二月一七日付の朝日新聞に掲載されたことをきっかけにして、英語版、アラビア語版、中国語版などに翻訳され全世界へと広がることになった。そのなかで愛華さんは、地球上のすべてのいのちはひとつで、すべてが支えあっているのだから、身勝手な行動は控えましょうと訴えている。明らかな教育的メッセージが見て取れる。

こうした坪田さんの漫画は「環境絵本」の制作の契機になった。坪田さんが幼くして亡くなったことから、まったくの偶然でそうした動きが生まれたというよりもむしろ、地球サミットが開かれ環境教育への関心が飛躍的に増した一九九二年という時代背景において必然的な流れであったと考察できる。

このように「環境絵本」の源流は、子どもたち自身が描いた絵に遡れる。歴史的にいえば、絵本は、大人が自分の子どもを含む子どもたちのために描き始めたものである。だが、「環境絵本」の場合、描き手と読み手が逆転するケースがある。コンテストの入賞者に子どもが含まれているように、子どもたちが大人の要請に応えて描き始めた「環境絵本」があり、子どもが大人を教育するという世代間の相互教育（交流）の側面があることにもおおいに注目すべきである。

◉コラボレーションによる絵本の制作

それでは、さらに「環境絵本」の制作者の典型である地方自治体など各種団体のコラボレーションによる絵本の制作過程を概観しよう。代表的な絵本については表2で掲げた。

「環境絵本」の制作者は子どもや絵本作家だけではない。地方公共団体、企業、各種団体、ＮＧＯ／ＮＰＯなどが主導したり協力したりするケースがある。もちろん、ごく一般的な方法で絵本作家が「環境絵本」を出版する場合もあるが、「環境絵本」の制作史とその発表の場には他の絵本にはあまり見られないようなやや異色ともいえる状況がある。そこで「環境絵本」の制作史を系統的に概観しておこう。

まず、地方公共団体が主導して、他の団体や個人とコラボレーションで「環境絵本」を制作する場合がある。たとえば、一九九八年には、茨城県が企画した『おばけのもーりーとまーち』[*24]が出版されている。また、企業が絵本作家に依頼する企業主導型もある。たとえば、一九九九年には、富士ゼロックスオフィスサプライ株式会社が、創立二〇周年を記念して環境絵本の出版を企画し、絵本作家である葉祥明に依頼して『森のささやき A Message from the Forests』[*25]を出版している。そして、その収益金は全額を各種環境保全団体に寄付しているという。

また、財団法人が地方自治体の協力を得て出版する場合もある。一般流通はしていない絵本だが、二〇〇〇年には、(財)広島県環境保全公社が広島県の協力を得て『環境絵本　ぼくとわたしの地球』[*26]を出版している。財団法人の主導ではあるが、自治体の後援を重視して、表2では自治体主導型に分類した。

同年にはまた、企業と行政と絵本館(図書館)の三者が協力して出版するという新しい形も出現した。北陸電力株式会社立地環境部環境課と大島町絵本館が協力して出版した『もりのおくりもの』[*27]がそれである。地方自治体がかかわる場合、多くの団体と個人のコラボレーションが行われている。

さらには、NPO法人が主導する場合もある。たとえば、NPO法人の富士山クラブなどがかかわって制作され、収益金が富士山の環境保全のために寄付されるという『富士山とひめねずみのチロ』[*28]が出版されている。

富士山クラブは、かつて富士山に存在した美しい原生林が姿を消し、観光道路によって大量に押し寄せる観光客や登山客がゴミとし尿を残す現状を憂い、富士山をとりまく環境問題と向き合って、富士山の環境を保全していこうと取り組んで、この絵本を出版している。そのことを著者の柳原雅子は、この絵本の「『あとがき』にかえて」[*29]で、「ふと下を見るとゴミ・ゴミ……。何とかできないものかと考え続けていて、やっと、この本が実現しました」と述懐し、「一人ひとりが、自分で出したゴミは持ち帰る。これを守ってくれれば、美しい富士山を次代へ手渡せます」とメッセージを送る。絵本制作の過程での苦労を振り返るような柳原のこのような表現でわかるように、この環境〈問題〉絵本を制作した過程自体がNPOにおいての環境教育活動そのものであるといえよう。

による「環境絵本」

書　名	出版年	制作者（著者・編者など）	コラボレーションの内容	出版主体
環境絵本　やつがだけのちっち	2002	企画・製作：美サイクル茅野絵本編集部会スタッフ、　文・絵・編集：絵本編集部会スタッフ、製作指導：武井利喜、自然指導：両角源美	地方自治体主導型	茅野市
ブーアの森	2002	絵：忌野清志郎、文：せがわきり、構成デザイン：結城昌子、企画制作：コスモ石油・TOKYO FM JFN（全国FM放送協議会）	企業主導型	TOKYO FM 出版（エフエム東京）
リサイクルおてつだいロボット　くるくる　クルリンちゃん	2004	作・絵：3年5組。3年5組とは、出版当時、和歌山大学システム工学部情報学科原田利宣研究室（原田利宣）の3年生であった学生5名	学校主導型	アガサス
パッカーくんをたすけるぞ	2004	絵：三好乃芙子、文：杉本良子＆エコブック・ネット　印刷NPO、労働組合、八尾ライオンズクラブ、八尾市民ネットワーク、ほか	市民団体主導型	八尾市
しずくちゃんのたび	2005	著：鈴木陽子・上野智子・神田亮子・金城綾子・須田靖子・梅田真樹。東大阪大学子ども学部の教員である梅田真樹、その学生ほか5名の学生による。「水と環境」と題された授業の一環	学校主導型	ブイツーソリューション
キンタイくんのぼうけん	2006	著：杉本良子、画：三好乃芙子、市民グループ「エコブック・ネット」（西村美奈代表）	市民団体主導型	エコブック・ネット

※1　出版主体については、絵本での記載に従った。
※2　日本における、自治体や企業、絵本館、大学などのコラボレーションによる「環境絵本」制作の一例であり、筆者が調査しきれなかった絵本もある。

表2　コラボレーション

書　名	出版年	制作者（著者・編者など）	コラボレーションの内容	出版主体
くすのきは見ていた　鏡町もやい物語	1990	鏡町まちづくり絵本の会（企画：鏡町教育委員会、保育園、小・中学校の幼児・児童・生徒、保護者、大学教員ほか）	地方自治体主導型	鏡町まちづくり絵本の会
ドンカッチョにあいたい　鏡町もやい物語	1996	鏡町まちづくり絵本の会（企画：鏡町教育委員会、小・中学校の児童・生徒、保護者、大学教員ほか）	地方自治体主導型	鏡町まちづくり絵本の会
おばけのもーりーとまーち——森からのこえがきこえる？	1998	監修：稲本正、文：滝田よしひろ、造形：矢野正、デザイン：森岡寛貴・やなぎゆうこ。茨木県が後援	地方自治体主導型	マガジンハウス
森のささやき　A Message from the Forest	1999	著作：葉祥明、英訳：リッキー・ニノミヤ、企画：富士ゼロックスオフィスサプライ株式会社	企業主導型	出版文化社
富士山とひめねずみのチロ	2000	作・絵：柳原雅子、写真：中川雄三。ＮＰＯ法人である「富士山クラブ」が後援。売り上げの一部が「富士山水と緑の育水募金」に寄付される	市民団体主導型	PHP 研究所
環境絵本　ぼくとわたしの地球	2000	財団法人広島県環境保全公社。広島県が後援	地方自治体主導型	総合広告社
もりのおくりもの	2000	作：むらたゆみこ、企画・制作：北陸電力立地環境部環境課。協力：大島町絵本館	企業主導型	橋本確文堂
啓発用環境絵本　しぜんをまもる　やさしいこころ　ガムッチおうじとどんぐりのき	2001	文・絵：有賀忍、長野県および信州豊かな環境づくり県民会議。長野県生活環境部環境自然保護課が後援。販売を目的としていない	地方自治体主導型	長野県、信州豊かな環境づくり県民会議

さまざまな団体・個人のコラボレーションによる「環境絵本」の制作の動きは多様化している。たとえば、二〇〇二年三月には、長野県で信州豊かな環境づくり県民会議が『ガムッチおうじとどんぐりのき』[*30]を、同年四月には、茅野市で、美サイクル茅野・絵本編集部会が『環境絵本　やつがだけのちっち』[*31]を企画・制作して出版している。同時期に、企画制作にコスモ石油とTOKYO　FM　JFN（全国FM放送協議会）がかかわり、忌野清志郎が画筆をとったことで話題になった『ブーアの森』[*32]も出版されている。ここでは紹介できなかったが、大学や教師が主導する学校主導型の絵本もある。

表2にあるように、自治体主導型の絵本が六冊、企業主導型が三冊、市民団体（NGO／NPO）主導型が三冊、学校主導型が二冊、合計一四冊がこうしたコラボレーションによって制作された「環境絵本」である。「環境絵本」それ自体ばかりではなく、その制作過程そのものが環境教育実践の過程でもある点が再認識されるであろう。

他方、コラボレーションではなく、自費出版で環境絵本を出版する市民もいる。たとえば、内容は後述するが『大きな玉子』[*33]は、大阪の主婦である谷口寿美子がプロデュースした自費出版の絵本である。谷口によれば、この絵本は実際に保育園や幼稚園で読み語りに使われているという。さまざまな作り手がいるところに「環境絵本」の意義が見いだせる。

ところで、Web上に環境絵本が登場したことも特筆すべきことであろう。たとえば大阪府環境情報センターのホームページ上[*34]には、一九九八年三月から動く環境絵本が載せられている。そこには小さな挿絵とともに、人間の呼吸量についての会話とともに、アイドリング・ストップを推進しようとする内容の環境絵本がある。

また、石川県にある環境支援ビジネスを主力事業としているPFUエコラボラトリ（株）も、二つの「環境絵本」をホームページ上に掲載している。[*35]二〇〇〇年三月から掲載されている「にじいろのさかな」と、同年一一月から掲載されている「そらはないにろ」である。同様の内容の刊行物は販売されておらず、ネット上でしか見ることができない絵本である。環境絵本は、新しい創作・発表の場を開拓したといえよう。自費出版をする市民やホームページの作成者は、環境教育の教育者であるともいえ、制作物を目にする市民が学習者であるともいえる。「環境絵本」を契機として、偶発的かつ非体系的に行われる環境教育的なコミュニケーション活動が発生し、活発になっている点にも留意しておきたい。

簡潔にいえば、市民が新たに「環境絵本」の制作を試みたり、絵本のなかに環境教育的な要素を発見しようとする試みは、既存型環境教育が理念型環境教育と融合しているひとつの形であるといえる。生活のなかに埋没していた「教え」と「学び」を再び視覚化するという点に、市民が創る環境絵本の意義がある。

3 環境絵本の特徴と可能性

◉環境絵本の内容と特徴

次に、「環境絵本」の内容と特徴を見ていこう。

第一の特徴は、このような「環境絵本」の特徴は、環境教育の教材として用いられることを明確な狙いとしているために、スローガンや呼びかけの形で意図的なメッセージが入り込んでいる点である。この特徴は多くの「環境絵本」に共通している。

本来、絵本は、絵やストーリー、全体的なイメージが鮮明な印象に残ることはあっても、強烈なメッセージを直接的に出すことはそれほど多くはない。だが、とりわけ環境〈教育〉絵本の場合、主として後半部分にある直接的で言語的なメッセージが読むものに強い印象を与えずにはおれない。

一例をあげるとすれば、『大きな玉子』では、リーダーの人間が、仲間の人間と他の動物たちにむかって「この星

られる以上は　よくばって集めないでください」[*36]と注意する象徴的なシーンがある。
は　大きくて　食べ物もたくさんありますし　きれいな水もたくさんあります。だけど　食べ物や水を　自分が食べ

このような直接的な表現で、人間の欲望をコントロールする必要があることをシンプルに語っている。幼児期と学童期において、環境倫理教育の教材ともなるような内容を含む絵本を市民が描き出した点はおおいに評価すべきである。しかしながら、あまりに直接的すぎて強烈であるという印象も完全には払拭できない。

環境保全活動を進める「環境絵本」もある。たとえば、前述した『おばけのもーりーとまーち』では、街のおばけ「まーち」は森のおばけ「もーりー」に、街には便利な道具やビル、車があって楽しいことがたくさんあると自慢する。「もーりー」も森の素敵さについて語る。「もーりー」と「まーち」はまず森に出かけ、自然の循環の仕組みを知る。次に、「もーりー」が「まーち」に誘われて街へ出かける。ところが、街の空気と水は汚れている。そのことに気がついたとき、かぜのおばけが現われて二人を森まで吹き飛ばす。戻った二人はそこでリサイクルの大切さを語る。

リサイクルや循環を学ぶ教材としての絵本である。そこでのメッセージは「リサイクルしましょう！」ということにある。そのメッセージは否定しないが、リサイクルだけで環境問題が解決するともいい難い。その点には注意が必要である。

ところで、こうしたスローガンを直接的に掲げずに、自然からのしっぺ返しを描写し、人間の更正の可能性をテーマにする絵本もある。『ガムッチおうじとどんぐりのき』は「啓発用環境絵本」と解説された典型的な環境〈教育〉絵本であるが、そのあらすじは次のとおりである。[*37]

わがままで有名なガムッチおうじ（子ども）が、召し使いを従え、森のなかにあるナッツおばさんのお絵かき教室にやってくる。みんなが教室のなかでお絵かきをするなか、ガムッチおうじは、外でお絵かきをするとわがままを言

い出す。外に出て、ガムッチおうじはわがまま放題で自分が前に進むのに邪魔になるものをすべて取り除こうとする。岩をどかしたり、小川を埋め立てたりする。さらには、大きなどんぐりの木までも切ろうとする。

ナッツおばさんは、「木を切らないで！」とおうじにお願いするが、おうじは聞き入れず、召し使いに木を切るよう命令する。その瞬間、ものすごい雷が鳴り風が吹き荒れ、どんぐりの木が激しく揺れ、おうじは気を失う。

目が覚めたおうじは自分が悪かったと謝ることになる。最後に、ナッツおばさんは、「どんぐりの　きを　そだてましょう。しぜんは　みんなで　まもらないとね」と言い、おうじもそれ以来わがままを言わなくなる。

ガムッチおうじのわがままな行為は、現代産業社会の私たち人間の姿そのものかもしれない。その風刺は面白く、首肯できる。それ以上に、『おばけのもーりーとまーち』と同様に、突然、風が吹き雷が鳴るという場面は、自然のしっぺ返しや風神雷神を思い起こさせる点で共通しているところが興味深い。自然の怖さを語っているようでもある。

しっぺ返しではなく、自然からの贈与とその分配、および自然への返礼についての内容を考えさせるのは『もりのおくりもの』[*38]である。ストーリーは、子どもが森でどんぐりを拾い、それを森に返しに行くという話である。森から受けた贈与、すなわち自然の恵みを動物たちと共有して、しかも、それを自然にお返しするという行動が興味深い。こうした点が自然環境とのかかわりを思い起こさせてくれる。

この絵本は、企業と絵本館と絵本作家が協同で作り上げた絵本であるが、利益追求を目的とした企業集団が、他の団体と協力してこうした環境保全や環境絵本の制作に尽力しようとするところに企業の体質の変化を感じる。これも自然への返礼の一種であろう。

総じていえば、多くの「環境絵本」では、環境を守りましょうという道徳的な言語的・非言語的メッセージが強い。また、「環境絵本」は親に対する教育の視点を含むため、他の絵本に比べて巻末資料やあとがきが充実しており、そのような制作者のメッセージを素直に受け取ることができる。読み語りをする親や保育者が、こうしたメッセージを受け取れば、読み語りの後に絵本を媒介とした環境に関するコミュニケーションが子どもとの間で促進されるように思われる。

また、絵については、今回は深く立ち入らないが、それでも、地球の写実的な絵や写真、大地、動植物が描かれている点は特徴的である。また環境問題によって動物たちが苦しんでいる姿も示されることがある。それらも特徴のひとつと考えられる。

◉環境絵本の可能性

以上の検討により、「環境絵本」については次のようにまとめられる。

まず、環境絵本という用語、および「環境絵本」それ自体は、一九九〇年ごろに日本で登場した。そして、「環境絵本」の制作の原点は、まちづくり活動と子ども自身が描き出した絵にある。さらに、自治体や企業などの主導でさまざまな形式のコラボレーションによって「環境絵本」が制作されている。その制作過程そのものが環境教育活動である。また、「環境絵本」の特徴は、巻末の資料が充実し、環境を守りましょうという言語的メッセージや暗黙のメッセージが入っている点である。

今後、幼児期と学童期の環境教育の教材ないし児童文化財として、「環境絵本」を有効に活用するためには、次のことが必要であると考察できる。

まずは、幼児教育関係者および環境教育の実践者が、こうした「環境絵本」や環境に関する絵本があることを認識し、それを利用する意欲と機会を持つこと。次に、多様でユニークな「環境絵本」をさらに制作・出版しようとすること。さらに、読み語りの実践を通して、子どもたちの学びを検証すること。加えていえば、成人などもっと広い読者層を想定した「環境絵本」を提案していくこと。以上が必要なことであろう。

さて最後に、「環境絵本」の魅力と限界に言及しておきたい。

おそらく「環境絵本」は、幼児が世界ではじめて出会う環境教育のテキストである。幼児は、「環境絵本」というメディアを通して、人間と自然との関係を学び、人間としていかに環境とともに生きるかを学ぶ可能性がある。「環境絵本」の意図的なメッセージを受け取ることに大きな意義があり、それを読み語られたり、自分で読んだりする子どもたちの学びは深い。新たに「環境絵本」を作り出そうとする制作者も深い知の冒険をしているように思われる。そうした市民が新たに環境絵本を創作する営みを高く評価したい。今後さらに環境絵本が普及し、多様化することを切望する。また、市民の創作を望む。

ただし、意図的であるということは、時として理念先行に過ぎる場合もあるのかもしれない。あまりに「……すべし」という当為の側面を強調しすぎるような「環境絵本」はそれほどの魅力を持たないだろう。皮肉なことだが、意図して創られたところに「環境絵本」の限界があるのかもしれない。逆に、第6章で触れたように、意図性が希薄な環境〈関連〉絵本のなかにこそ、示唆に富む環境教育的要素がある。絵本のなかに環境教育を再発見すれば、環境教育の領域は広がるだろう。

註

〈絵本の制作者の表記は多彩なため、代表的な著者名だけを冒頭に出し、絵、文、構成などの制作者名については、できる限り原文に忠実に（　）書きで著者名の直後に記載した。掲載順については、絵本の代表的な著者名のファーストネームの順に記した。絵本の題名についても、できるかぎり原文に従った。ただし、シリーズ本になっている絵本については、すべての個別の題名を記載することは控えたが、（　）書きで、そのシリーズの冊数を示した。〉

＊1　鏡町まちづくり絵本の会、一九九〇『くすのきは見ていた——鏡町もやい物語』鏡町まちづくり絵本の会。鏡町まちづくり絵本の会、一九九六『ドンカッチョにあいたい——鏡町もやい物語』鏡町まちづくり絵本の会。

＊2　一九八八年五月二日の熊本日日新聞の「意見異見」というコラム。

＊3　倉原宗孝・延藤安弘、一九九〇「住民による環境絵本創作におけるまちづくり意識の高揚に関する考察」『日本都市計画学会都市計画論文集』五五三—五五八頁。

＊4　立川涼ほか監修、一九九二『かんきょう絵本』ポプラ社。

＊5　この点については、立川涼氏本人に確認した。

＊6　ジョナサン・ポリット／作、エリス・ナドラー／絵、松村佐知子／文、安倍喜也／監修、一九九二（原著一九九一）『がんばれエコマン地球をすくえ！——環境問題を考える絵本』偕成社。

＊7　ヘレン・カウチャー／作・絵、まちこうじ／訳、一九九三（原著一九九一）『トラと人間』『南極のペンギン』『ジャングルの動物』宝島社。

＊8　藤樫道也・岩崎婉子・関口準、一九九四「幼稚園における環境教育（一）——絵本を教材とする視点から」『日本保育学会大会研究論文集』四七、一二二—一二三頁。

＊9　ポプラ社の当時の担当者が退社しているため詳細は不明だが、平仮名で「かんきょう」となっている点については、漢字だと子どもたちが読めないからという配慮であり、そこに深い意味はないと思われるので、環境絵本であることには違いないと考える。

＊10　岡田正章・千羽喜代子ほか、一九九七『現代保育用語辞典』フレーベル館、三九頁。

＊11　保育所や幼稚園がまとめた実践報告集や、大学・研究所・各種研究機関の報告書やニュースレターなど、筆者が目にしなかった報告書などもある。そのため、環境絵本という用語が用いられている文章が、一九九〇年以前にいっさい存在しなかったとまでは断言できない。

＊12　参考にした絵本のガイドブックのうち、主なものを出版年順に記載する。赤木かん子、一九九五『絵本・子どもの本　総解説』自由国民社。中村柾子、一九九七『絵本はともだち』福音館。小松崎進、一九九八『この本だいすき！』高文研。この本だいすきの会、二〇〇〇『この絵本読んだら』高文研。鳥越信、二〇〇三『子どもが選んだ子どもの本』創元社。日本子どもの本研究会絵本研究部、二〇〇四『えほん　子どものための三〇〇冊』一声社。別冊太陽編集部、二〇〇四『この絵本が好き』平凡社。マーブルブックス、二〇〇四『私が一ばん好きな絵本、一〇〇人が選んだ絵本』マーブルトロン、など。

＊13　そのなかには、外国の絵本を翻訳したものや一九九〇年以前に出版されているもの、絵本とはされていても、明らかに大人を対象とした環境関連の書物が含まれていたことを注記しておきたい。
＊14　ジェン・グリーン（マイク・ゴードン／絵、北沢杏子／文、林千根／訳）、二〇〇三（原著二〇〇二）『みんなで守ろう環境！シリーズ』（全四巻）、アーニ出版。
＊15　有賀忍（有賀忍／文・絵）、二〇〇一『啓発用環境絵本　しぜんをまもるやさしいこころ　ガムッチおうじとどんぐりのき』長野県生活環境部環境自然保護課。
＊16　ダビッド・モリション／作、小宮悦子／訳、一九九八（原著一九九七）『だいじょうぶ？だいじょうぶさ！　NO PROBLEM』小学館。
＊17　丘修三・長野ヒデ子／作、一九九七『海をかえして！』童心社。
＊18　マリー・メイイェル（インゲラ・ペーテション／絵、とやままり／訳）、二〇〇二（原著一九九五）『自然と環境の絵本　町をいくフロイド』『自然と環境の絵本　森の中のフロイド』さ・え・ら書房。
＊19　バージニア・リー・バートン／作（石井桃子／訳）、一九六五（原著一九四二）『ちいさいおうち』岩波書店。
＊20　国際連合環境計画・地球環境平和財団、一九九五『みんなで描いた地球――こどもたちの環境絵本』地球環境平和財団。
＊21　http://www.ana.co.jp/pr/06-1012/index06-160.html（アクセス日二〇〇七年五月一五日）
＊22　読売新聞（中部支社　二〇〇四年一二月二二日付）の記事によるもの。
＊23　坪田愛華・坪田揚子、一九九六『愛華、光の中へ――「地球の秘密」を描いた一二歳の少女』朝日出版社。
＊24　稲本正（稲本正／監修、滝田よしひろ／文、矢野正／造形、森岡寛貴・やなぎゆうこ／デザイン）、一九九八『おばけのもーりーとまーち――森からのこえがきこえる？』マガジンハウス。
＊25　葉祥明／絵・文、一九九九『森のささやき A Message from the Forests』出版文化社。
＊26　（財）広島県環境保全公社、二〇〇〇『環境絵本　ぼくとわたしの地球』（全五巻）、総合広告社。
＊27　むらたゆみこ、二〇〇〇『もりのおくりもの』橋本確文堂。
＊28　柳原雅子（柳原雅子／作・絵、中川雄三／写真）、二〇〇〇『富士山とひめねずみのチロ』ＰＨＰ研究所。
＊29　柳原雅子　前掲書、裏扉。
＊30　有賀忍、前掲書。

＊31　美サイクル茅野絵本編集部会、二〇〇二『環境絵本　やつがだけのちっち』茅野市。
＊32　忌野清志郎（忌野清志郎／絵、せがわきり／文、結城昌子／構成デザイン、コスモ石油・TOKYO　FM　JFN〔全国FM放送協議会〕／企画制作）、二〇〇二『プーアの森』TOKYO　FM出版（株式会社エフエム東京）。
＊33　谷口寿美子（吉藤正樹／文、正木健二／絵、谷口寿美子／プロデュース）、二〇〇二『大きな玉子』谷口寿美子発行（自費出版物）。
＊34　http：//www.epcc.pref.osaka.jp/center/wander_l/html/index.html（アクセス日二〇〇七年五月一五日）
＊35　http：//www.pfu.co.jp/pel/index.html（アクセス日二〇〇七年五月一五日）
＊36　谷口、前掲書、八頁。
＊37　有賀、前掲書。
＊38　むらた、前掲書。

終　章

環境教育というダブルバインドを超えて

1 環境教育の存在意義の転換を求めて

◉環境教育は環境問題の解決に、ある程度、貢献できる

わたしは、現在のような環境教育をどれほど積み重ねても、環境問題の根本的な解決にならないのではないかという疑問を抱いてきた。「環境教育は環境問題の解決に役立つのか」――その問いこそ本書を貫く問題意識であった。

実は、この問いは素直なように見えて、たちの悪い問いである。おおいに役に立つと答えれば、実際に役に立っているという証明をしなければならなくなる。今後、役に立つということなら、具体的な方法を示さなければならなくなる。どちらも困難である。逆に、役に立たないと答えれば、「では、環境教育の存在意義とは何か？」と足元を掬われることになるだろう。

本書では、結局、わたしはこの問いにどう答えてきたのか？　繰り返すようだが、最後にもう一度確認したい。

第Ⅰ部では、次のように応えた。

現在の環境教育では、おおいに役に立つとまでは断言できない。それを継承し、学校教育の再生産的機能への反省

的視点と、環境保全に関する規範、および、その規範を作るプロセスを含んだ「新しい環境教育」なら、役に立つかもしれない、と。

だが、その答えが許されないことは承知している。冒頭の問いの「環境教育」を「新しい環境教育」にすり替えて、もう一度、同種の問いが投げ返されるに違いないからだ。

第4章では、環境教育を基礎づける社会変革理論の構築にも試みとして着手した。それというのも、環境教育について、教育学の立場からアプローチすれば、教育学的な理想的な人間像を設定して、社会変革のためにどのような方法があるかを明確に示さなければならなかったからである。しかし、残念ながら、そのような環境教育を構想するとしても、そのほころびも今となっては予想できる。人間が構築する環境教育プロジェクトで、子どもの成長を操作し、環境問題の解決を図ろうとしても、その効果があがることは期待できないからである。それゆえに環境教育を手段とした社会変革理論を展開しても、実際に環境問題を解決できる可能性は低い。

もう少し付け加えておこう。これまでの慎み深い環境教育は、現在の諸価値、生産と消費のパターンについては異議を申し立てずに、現存の政治経済的なシステムのなかで環境問題が解決できるというメカニカル＝テクニカルな立場をとっていた。だがそれでは、環境問題は解決できないように考えられる。

反面、人間の態度や生活様式、人間と自然界との関係、社会経済的構造の根本的変化がなければ環境問題が解決できないという批判を基盤にして、情熱的に環境保護運動を展開するような括弧付の「環境教育」もある。それなら役に立つかもしれない。しかし、わたしはそのような運動論の方向性にも意義を見出せないでいる。

したがって、第I部での回答をいいかえれば次のようになる。

環境教育は、ある程度、持続可能性の高い社会を構築することに貢献できるが、それには限界がある。まったく無力というわけではないが、ダブルバインドからは抜け出しにくいため環境教育に過大な期待をかけるのには無理がある。また、現在の環境教育の延長線上で「新しい環境教育」を独自に理論的に構築することも困難である。根本的な発想の転換が肝要である。

第Ⅱ部では、次のように応えようとした。

偶発的無計画的にでも実践している既存型環境教育の営みを再発見することが、持続可能性の高い社会の構築の実現に多少なりともつながる、と。つまり、理念型環境教育の営みに、既存型環境教育の視点を持ち込めば、環境教育に意義を見出せるだろうと回答した。

たしかに、理念型環境教育と既存型環境教育の融合を目指せば、環境教育の存在意義はより大きくなる。だからといって、過去の生活のなかに埋没していた既存型環境教育の営みを高く評価して、どれほどその大切さを訴えかけても、環境教育が環境問題の解決に即座に役立つまでには至らないだろう。

第Ⅱ部での回答をいいかえると次のようなことになる。

ともあれ、理念型環境教育ばかりではなく、既存型環境教育を再評価することによって、すなわち、人間が脈々と受け継いできた自然や環境に関する「教え＝学び」があることを思い起こせば、自然に関する何らかの教育の必要性が認識される。それが持続可能性の高い社会の構築に役に立つかどうかはまったく別であるとしても、人間はそうした「教え＝学び」の営みを古くから継続してきた。その学びと理念型環境教育との融合を目指せば、ある程度、環境教育は有意義な教育になる。つまり既存型環境教育の視点を盛り込めば、環境教育は、ある程度、有意義な教育となる。

——それがわたしの現時点での回答である。

◉ダブルバインドを通じて獲得される認識を生かす

　では、将来的に、環境教育それ自体が意義のある教育であると位置づけるには、どのような考えかたが可能だろうか。まずは本書での認識を再確認しておこう。

　現在では、環境教育というひとつの理論と実践の領域が成立しているが、危機に直面している。危機の克服という契機を通してこそ、長い間、環境教育の背後に横たわっていた学校教育における葛藤の問題を再考する契機が発見できる。環境問題解決という教育目的を掲げた環境教育という営みが、ダブルバインドに直面して、それを乗り越えることを目指すときにもたらされる認識こそが、現代教育を再考する契機となる。それが環境教育のひとつの存在意義と考えられる。

　わたしは、環境問題を産み出した産業社会の文化的社会的な再生産装置である学校教育システムのなかで、社会変革を目指さなければならないという「環境教育というダブルバインド」の意識化を進め、教師たちにそれを知らせるという方向性が必要だと考える。

　一般に、社会の存続には、その社会を構成する生物学的な意味での人間の生命の維持と伝達という事象（行為）が必須である。何を伝達し、何を伝達しないかによって、その社会の存続の可能性が左右されるといっても過言ではない。だが、今の社会の維持を目指すはずの教育システムのなかで、環境教育は維持発展を目指せないという事態に直面していることを自覚する必要がある。つまり国民国家の形成を行う一方で、労働者を分配し消費者を供給する学校教育システムが、環境問題と持続不可能な社会を産み出したという自覚が必要である。

　この自覚を生かして、持続可能な社会・文化・人間を創造するためには、地球全体の国境を越えた世界的な市民を育成し、市民による社会変革を実現しなければならないということになる。ただし、一足飛びにそうした方向へ進むのは好ましくない。社会変革を実現するにはプロセスが重要である。したがって、そのような社会変革の方向性を目指すべきかどうか、持続可能性の高い社会を作るとすれば、どのようなプロセスが必要であるかを議論することが環境教育の当面の意義だと考えられはしないだろうか。

一方ではまた、メカニカル＝テクニカルな視点についての反省を生かし、生活のなかに埋もれている環境と人間の生活にかかわる臨床の知を掘り起こすコミュニケーションの作業を進めるという方向性もある。その際には、教育的な指導で人間を形成することが可能であるとみなす計画可能性への信仰と、教育学における合目的的志向、すなわち、人間すら制御可能であるとみなす機械的な近代的人間観が環境教育を産み出してきたという反省が必要である。

たしかに、メカニカル＝テクニカルなものの見方と技術合理性を基盤とする人間の開発概念が、環境教育を推進させるきっかけとなった。だが、学校における環境教育の効果は予測不能であったり測定不能であったりする。そのことが環境教育の発展を失速させているのではないか。環境教育がそれほど熱狂的に支持されないのは、環境教育に無理解な教育者が多数であるからではない。環境教育を実践する教師が、その意義を実感できないからではないのだろうか。

以上のように、環境教育がダブルバインド状況にあると考えれば、理念型環境教育への反省という側面が主題化される。そして、それを乗り越えていく視点を模索することが環境教育の意義であるといえる。

◉環境教育の存在意義は、「すでにあった」という点にある

もう一度最初の問いに立ち戻って再考してみよう。

――そもそも、環境教育は環境問題の解決に役立てねばならなかったのか。

この問いは、環境教育は環境問題の解決という教育目的に特徴づけられた教育であると定義するからこそ問われる

ものである。環境教育が環境問題の解決に役に立たなくても存在意義が見出せるとすれば、実践する価値があるといえるだろう。まずもって、教育によって環境問題の解決を目指すこと自体に無理があったのではないだろうか。

教育において特殊なパラドックスの根源は、子どもをある特性を持った人間に育てようとする企図性にあり、そうした意図があるからこそ裏切られてしまうということがある。環境教育によって、環境によい暮らしをしようとする人間を育てようとする営みに、大いなる矛盾が潜んでいる。意図的にある種の人間を作り出そうというプロジェクトそのものが困難である。教育によって社会を変革するという課題は最初から実現不可能なのかもしれない。

ただし、ここで留意しなければならない点は、教育によって社会変革が不可能であっても、人間と自然との関係を教える教育行為は必要であり、環境問題の解決だけのために環境教育の存在意義があるのではない点である。

環境教育の名のもとに、ある一定の行動をするように企画する教育的なプロジェクトの概念に環境教育を押し込めようとしても、ひとりひとりの行動はその枠組みから逸脱し、本来の合目的性や企図性、方法化やプログラム化からするりと抜け落ちてしまう。もちろん、環境教育において、環境問題解決への実効性を求めるプロジェクトを計画したり、効果を実証しようとしたりする研究は有益である。だが、実効性に大いなる意味を見出すことは難しいのではないか。

環境教育は、直接的に環境問題を解決することには結びつかないかもしれない。効果は実証できないかもしれない。しかし、環境教育は学校教育が機能する以前から人間の営みのなかにあった自然な行為だったのだ。環境教育はその営み自体が人間性のなかに潜む必然性なのだ。根拠や効果を求めることなしに教え、学ばれてきた自然環境に関する知の体系があり、その知の伝達がある。それを守りぬくことに意味がある。そう考えた方が、少なくとも学校の教師にとっては、いや、大人たちにとっても、自然なのではないか。

簡潔にいえば、環境教育が必要とされる理由は、それが実質的な環境問題解決のための手段であるからではない。

ずっと以前からわたしたちが自然との付き合いかたについて子どもたちに教えていたからなのである。つまり「すでにあった」という点が、環境教育の存在理由なのである。

2 コミュニケーション的環境教育の可能性

◉コミュニケーションを軸とした環境教育

次に、環境教育というダブルバインドを超えるポイントがコミュニケーションにあることを指摘しておこう。

第Ⅰ部で述べたように、環境教育というダブルバインド状況を超克する試みとしては、さしあたり、ひとつの方向性を目指して板ばさみの状態から抜け出すという方向がある。教育目的を優先した教育戦略としての理念先行の環境教育の実効性を優先するなら、学校教育の一部の環境教育化では不十分で、学校教育そのものを環境教育化するという力強い方向性が見出せる。産業社会の価値観に支配された学校における教育的な価値観、文化、カリキュラムと対決し、持続可能性の高い文化の価値観を注入する教育を想定するならば、ダブルバインドからは脱出できる。

しかしながら、そうした方向性はいささか性急に過ぎる。それというのも、仮に学校教育の環境教育化を進めるならば、それをどのようにして促進するかというプロセスが課題となるからである。学校教育全体を環境教育化するというプロジェクトの最大の課題は、それが市民の社会的合意を経なければならないという点にある。

すでに見てきたように、科学的実証的にも政治的社会的にも現実化される「持続可能性の高い文化」とそのライフスタイル、および、それを現実化する社会システムが存在すると仮定しよう。その際、環境教育において、持続可能な社会を構築するために必要だと考えられるある種の教育的価値を伝達する教育も実現されるとしよう。

そのような教育が実現される前提条件は、環境と環境問題に関して十分な情報を市民に提供し、公正・公平な民主主義的な決定方法をとって、環境教育の政策決定に関する社会的合意を得るプロセスを経ることである。その際には、持続可能性の高い教育内容を教える教師の養成とそうしたカリキュラム開発も必要となる。

現実的には、そこにいたるまでには多くの段階を踏まねばなるまい。

第一段階では、環境問題に関して、市民が理解するプロセスが必要である。大多数の市民が、環境と環境問題についてのある程度の知識を得なければなるまい。

第二段階では、他者との合意形成の訓練が必要となる。環境（問題）に関する知識に基づいて、他の市民と交流したりコミュニケーションしたりして、納得がいくまで自分の知を検証する必要がある。つまりコミュニケーションができるような理性を育てる必要がある。

第三段階では、政治的参加を経て教育政策実現のプロセスを待たなければならない。

最後の段階では、環境教育の指導者を養成し、現実的に環境教育の授業を展開できる教師を養成しなければならないということになる。

もちろん、この過程は長期にわたるもので、その過程では多くの困難が予測される。環境問題の解決に役立つまでには時間がかかりすぎるかもしれない。だからといって、ニヒリズムに陥ってはならない。情熱と希望と勇気を持って、子どもばかりではなく市民の多様で豊かな学びを保証し、コミュニケーションを積み重ねて、環境教育の普及に関する議論を粘り強く継続していくほかない。

かつて、ルーマンは、「教育システムがエコロジーのコミュニケーション普及のために最大のチャンスを提供する」[*1]と指摘した。それを敷衍していえば、学校教育は、環境と環境問題に関するコミュニケーションの契機を与えるのであり、環境教育という用語の流通とその計画に関するコミュニケーションは、それそのものが環境教育となるのではないだろうか。つまり、環境問題と環境教育に関するコミュニケーションの過程と合意形成の過程そのものが、環境教育の過程なのである。そこにこそ環境教育の意義が認められるのではないか。

本書は、現在、学校で行われている環境教育を阻む「壁」の正体を暴き出し、その「壁」を乗り越えていく方法を模索するという点から出発した。第1章で述べたように、①持続可能な社会像の不在、②変革の方法論の不備、③教師のスタンス問題があげられた。コミュニケーション的環境教育という方向性なら、それらの具体的解決策が発見できるのではないだろうか。

◉コミュニケーション的環境教育の問題点

留意しておかなければならないのは、コミュニケーション的な方向性にもいくつかの問題点があることである。その点については、ドイツの環境教育学者ハーン（Gehard de Haan 一九五一〜）の考察が参考になる。彼は、コミュニケーション的環境教育の限界を次のようにまとめている。[*2]
彼は、環境科学における実証に関しては教育哲学の立場からは検証が不可能であり、信憑性のあるデータの区別が不可能であるとし、膨大なデータから切り取られた科学的なあるいは客観的な事実が、すでにイデオロギー的であるという。それゆえに、環境教育のワークショップで扱われるデータは、何らかの教育的意図なしには切り取られないものであると示唆する。端的にいうならば、ワークショップ型のコミュニケーション的環境教育は、根拠となる科学的データが恣意的に選択された不正確な情報である限り、その基盤が脆弱であるというのである。
しかも、ワークショップでは、他者に結論を押し付けることは許されることではないにせよ、学習者にはその後の意識や行動の変化が暗に要請される。その暗に要請されるものが、あるバイアスを有することも否定できない。つまり、合意を求める環境教育は科学的認識や根拠が甘く、すでに価値的偏向を持ち、最終的にはドグマ的環境教育に陥る危険性を払拭できないとされている。

ハーンの思想の背景には、環境問題で教えられるさまざまな知識というものは、固定的な性質のもので、誰か権威者から一方的に教え込まれるべきものではなく、他者との交流を通じて徐々に構成されていくと考える社会構成主義がある。

つまり、環境教育という社会問題について、誰かが方向を決定づけるのではなく、環境教育（場合によっては、環境問題も含めて）に異議を申し立てている人々がどのようにそれをとりあげているのか、どのように反応しているのかについて、他者との協同の作業のなかで考察し、警告を発し、処方箋を出し、クスリを開発することが重要なのである。

もちろん、そうした社会構成主義的な考えに加えて、環境教育だけではなく教育全体にかかわる広い視点――ときには全体論的あるいはホリスティックな観点――も必要となるだろう。メェーリンク（Martin Möhring 一九六五〜）は、「袋小路の環境教育（Umwelterziehung in der Sackgasse）」という表現で、環境や環境問題の解決というテーマを、知識伝達を引き金にした解決方法に頼ることの限界を指摘し、「ある全体的視点（eine ganzheitliche Sichtweise）」が必要であると述べる。[*3] つまり、あらゆる価値論を全体的な立場から鳥瞰して、それをまとめていく巨視的な視点――つまりは環境教育学という体系的総合的な学問――が、ダブルバインドを超えるのに必要なのである。すなわち、教育学全体から見て、この環境教育という課題を深く掘り下げて考察する必要がある。

かつて、ベイトソンは、環境問題の根本原因が、テクノロジーの進展と人口増加、そして人間の本性及び人間と環境の関係のありかたに対するわれわれに染みついた考えの違いにあるとして、「環境問題に対して、その場しのぎの ad hoc 対策を講じることは、単に問題の根本的解決にならないというだけではなく、問題をより頑強で複雑なものへ成長させてしまう」[*4] と述べた。

この指摘を踏まえていえば、環境教育も、地球環境問題の根本原因を取り除くばかりか、逆に、問題をより複雑にしてしまわないようにするための検討が必要であるように思われる。コミュニケーション的環境教育にも、総合的な環境教育学にも十分な注意が必要である。

◉コミュニケーション的環境教育は基礎学力の形成に立ち戻る

以上のように、環境教育に関する教育目的再設定のプロセス（社会の方向性に関する合意形成の過程）そのものが環境教育の過程なのだという論理で、環境教育の存在意義が認められる。環境教育の教育目的を設定し、環境教育の教育政策について合意形成を行うために、環境教育が必要なのである。しかし、そのコミュニケーションの過程にも問題があった。それを乗り越えるためには、どうすればよいのであろうか。

わたしは、環境問題について科学的な見地から理解を深めるためには、まずは基礎学力が必要だと考える。実証的なデータを読み解く上では、日本語の読解力と数学的な理解力が必要となる。理科教育や社会科教育で、総合的に環境問題を理解することも大切であろうし、必要とあれば英語の文献を読む力も求められるだろう。家庭科で、日常生活を振り返り、暮らしをよりよくしようとすることも求められる。環境問題の理解を進める上で、基礎学力は必要不可欠であり、ほとんどすべての教科教育が役に立つ。

さらに、相互に交渉して議論を深め、環境問題の処方箋を探るならば、他者とコミュニケーションができ、合意形成ができるように訓練しなければならない。たとえば、環境絵本を市民の手で創るとなれば、かなりのコミュニケーション能力と合意形成能力が求められる。しかも、政治的な参加を呼びかけるとなれば、市民性教育も必要となる。市民が形成した教育政策によって、何らかのルールが課せられるなら、それに従うような道徳性も養う必要がある。

つまりは、環境教育の問題は、基礎学力の形成と、コミュニケーションの教育、道徳教育の課題だというところに落ち着く。要するに、環境教育を進めて、環境教育の教育政策について合意形成を行うコミュニケーション的環境教育を推進することを提案すれば、基礎学力の形成を充実させるという結論に逢着するのである。

つまり、コミュニケーション的環境教育に取り組むことは、現在の教育のなかで基礎学力を育てることにほかならない。しかもコミュニケーション的環境教育の難点を乗り越えるためには、現在の学校教育をさらに充実させることが必要である。こうなると、常識的で平凡な教育論に落ち着くといえるかもしれない。環境教育を充実させるためには、今の教育を充実させなければならないということになる。環境教育は、現在の教育そのものであるということになるのだ。

――だが、逆にいえば、そのように考えれば、現在の教育は丸ごとすべて環境教育になっているともいえるのではないか。

以上のような平凡な結論を補完するために、環境教育が「生きかた」の問題を考える教育であったことを思い出しておこう。結局は、環境教育は、「いかに生きるか」「いかに生活するか」という幸福論の問題へと逢着した。自分自身の幸福を再設定し、それを実現するのが環境教育の教育目的であると考えるならば、自分自身とのかかわりや、他者とのかかわり、自然や崇高なものとのかかわりを考え直さなければならない。

環境教育は、計画的な方法と社会的公正を実現する手続きによって、合理的かつ永続的な均衡状態（持続可能状況）に達しようとする意図的な試みを教育的に行わねばならない。その際には、変革しようと欲する世界を探求すると同時に、人間自身――その目標と価値――について探求する必要がある。ただ生き残るだけではなく、無価値な存在に堕することなしに生き抜かなければならない。したがって、生きかたを考えるという視点が欠かせない。フロム流にいえば、所有で生きるか、自己実現で生きるか、それとも「共に在ること」で生きるか。どのようなバランスをとるのか。つまりは、幸福論を突きつめて考えさせるのが環境教育である。

逆説的だが、環境教育は、現在の教科教育を充実させ、基礎学力の形成を目指すことで充実する。環境に関するコミュニケーションのプロセスの過程を実り豊かにする契機を与える。そして、生きかたを再考する教育ともなる。

ところで、環境教育を構築するプロセスは永遠に持続するわけではない。では、そうした環境教育に関するコミュニケーションのプロセスが終了すれば、その後、環境教育はどのような教育になるのだろうか。持続可能性がきわめて高い社会が実現すれば、環境教育はどのような教育になるのか。おそらく、持続可能な社会を忠実に維持し再生産するための教育になる。その際には、教育観の更新も促される。

◉教育学全体にも影響を及ぼす可能性

本書は教育学的視点を出発地点とした。だが、教育学という視座も問われている。環境教育には、従来の学校教育や教育学の前提にあった人間形成の理論の一分野を、部分的にではあるにせよ、超克しようとする動向が看取されるからである。エコロジーや環境倫理学、持続可能性の概念を環境教育に導入する際、従来の教育学の人間形成の枠組みにはなかったような新たな前提や教育目的論、諸概念などが持ち出される。

環境教育は、地球環境問題の解決を教育の社会的機能に求めるという発想によって成立した実践的かつ実際的な教育戦略であった。しかしながら、登場した際の企図をはるかに超え、環境教育は人間形成と環境に関する教育学の理論的な領域において十分に議論されてこなかった領域へと教育者たちをしばしば誘う。そうした未踏の領域では、教育学の理論において、問題状況としての「環境の危機」の本質を自律的に省察し、その省察をどのように人間形成に反映させるかという課題が現れる。

いいかえるならば、環境の危機を契機として、未来世代のなかにどのような人間形成上の変更と社会上の変更を生み出すのかという教育的な価値づけの方向性に関する課題がわれわれに突きつけられているのである。同時に、人間とその社会を現在よりも「よりよく」するという志向性にも疑いのまなざしが向けられることになる。それについては、今後の課題としたい。

環境教育の「壁」を乗り越えるための手がかりは、まずはその意識化とそれに関するコミュニケーションによって行われる。環境問題や環境教育に関して語りあう場と動機づけを持ち、持続可能な社会についての理性的なコミュニケーションをはじめる上で、ダブルバインドという用語の流通は非常によい契機となる。ダブルバインドを回避するためには、教育学的思考の再活性化までもが求められる。

◉まとめ

さて、本書の主張をまとめておこう。

わたしは、環境教育という「壁」を克服するには、その存在を認識する必要があると考える。まずは、その課題を遂行できたと信じたい。ついで、教育学的見地から環境教育を方向づける価値志向性や規範理論を構築するプロセスが必要であると主張した。だが、一足飛びに価値教育にいたるのではなく、市民が環境教育政策に関する提言をするまでの長期的なプロセスそれ自体が環境教育であり、その結果として、価値教育としての環境教育が実践されることが望ましいと考える。

次に、生活のなかに埋没しているが共同体のなかにあった既存型環境教育の営みを再評価することで、環境教育が現在の「壁」をスルリと横からも乗り越えることができると考えた。意図的計画的に環境教育のプロジェクトを推進し、実効性を実証することばかりが環境教育研究ではない。環境教育におけるプロジェクト志向と実証性志向（心理学的実証的方向性と科学的な効果の実証性）はきわめて強くなりつつある。だが、すでにわたしたちが偶発的に行っている「教え＝学び」の過程も環境教育の営みのひとつであると考える。その営みを再発見し、理念先行型の環境教育のなかに豊かに織り込むことで、環境教育の営みがよりいっそう充実し、自然な教育の過程になると考える。

さらに、市民的合意にいたるコミュニケーションの技法を身につけ、市民活動ばかりではなく、政治的過程に参加することのできる市民性（シチズンシップ）育成を目指す教育実践を環境教育に付け加えなければならないとも思う。

総じていえば、環境教育は環境問題解決のための特効薬ではない。だが、じわじわ効く漢方薬のようなクスリではある。もっといえば、病気の改善のためのクスリというよりも、基礎体力の維持と向上をするための栄養なのである。夕べに世界が滅びるとも朝に花を植えるという。たとえ、近い将来に世界の終わりが来るとしても、希望を持って、土を耕し、肥料をまき、種をまくこともあるだろう。環境教育においても、そうした営みを粘り強く続けていくほかないだろう。環境問題の深刻化で、いずれ地球が滅びるとも、教育者は、子どもたちと向かい合うなかで、希望を持って「生きるということ」を教えるのだ。

ひとまず、環境教育という「壁」について論じることができた。これを機会に環境教育に関するコミュニケーションが活性化することを願いたい。

註

＊1　このようなコミュニケーションの可能性に関しては、意思疎通的環境教育や、N・ルーマン、土方昭訳、一九九二（原著一九八八）『エコロジーの社会理論』新泉社、一五頁、などで語られており、ワークショップ型の環境教育論を裏づける論である。

＊2　de Haan, G. 1994, *Umweltbildung im kulturellen Kontext*, Forschungsgruppe Umweltbildung.

＊3　Möhring, M. 1996, *Von der Umwelterziehung zu ganyheitlicher Bildung als Ausdruck integralen Bewußtseins*, Peter Lang.

＊4　G・ベイトソン、藤良明訳、二〇〇〇（原著一九七二）『精神の生態学』新思索社、六六九頁。

あとがき

はじめて単著の研究書を世に問うことになり、われながら驚いている。もう少し研究を先に進めてからの出版でもいいのではないかという思いは残る。もっと書き直したいという気持ちもある。だが逆に、いま、このタイミングで出版しなければ、わたしは次へ進めない。その思いがどうしても強く、思い切って出版に踏み切ることにした。

わたしは、若いころから「環境教育によって環境問題を解決しなくてはならない」という青臭い情熱をもって研究に取り組んできた。だが、本書で述べたように、その情熱の質が少し変化しつつある。環境教育に対する期待も変質した。たしかに、環境教育を有意義な教育にはしたいが、その限界も感じており、環境教育というプロジェクトを推進するのにはためらいを感じている。

また、わたしには、多くの人々に本書を届けたいという思いがあった。より多くの市民の環境教育に関するコミュニケーションが活発になることを期待した。それゆえに、できるかぎり、物事を単純化して、平易に書くことを選んだ。もちろん、それがどれだけ実現できたかはわからない。だが、平易にしようとするあまり、表現力に問題がある箇所がある。おおいに反省したい。

それでも、できるだけ早く多くの人々に、環境教育に対するアンビバレントな思いをお伝えしたかった。そういった気持ちも含め、自分の浅学非才ぶりを正直に暴露するのもまたよかろうと腹を決めた。実は、そんな苦い気分での出版である。未熟な点は多々ある。ご批判・ご叱正を心からお待ちする心積もりである。

この本を出すときに頭をよぎったことがある。

それは、子どものころ砂山を作ったことである。

できるだけ高い砂山を作ろうとすれば、いったん、低い山を作って、その頂点を手のひらでポンポンとたたいて裾野を広くし、また新たに砂を集めてきて、上に砂を積んで新たな頂上を作らなければならなかった。

ときおり、その作業をともだちが手伝ってくれた。一人きりの遊びよりはずいぶん楽しくできた。高い山にもなった。そのイメージを誰かが共有してくれないだろうか。たしかに、冒頭の「はじめに」では、わたしは「ひとりきりで環境教育の基礎理論を構築することを狙う」と書いた。だが、今となっては、このあとはきっと誰かが手伝ってくれるという予感がする。

砂山の遊びのイメージがなければ、わたしには本書を出す勇気が湧き出てこなかった。誰かがきっとこの孤独な作業に手を貸してくれるだろうという予感がある。誰かに、今のわたしの研究の「山」の頂上をポンポンと手でたたくように批判していただき、また新たな山を作ってもらえるような期待がある。わたしはもうすでに、多くの人にポンポンとたたかれているのだから。

もちろん、わたしにとって学問的な探求はこれで終わりというわけではない。ひとつの一里塚を築いたにすぎない。これを踏み台にして、次なる研究に励みたい。

さて、こうした書物を世に問うまでには、多くの方々のご支援とご助言をいただいた。ここでお礼を述べさせていただきたい。

まず、大学院生だったころから現在にいたるまで、一貫して変わらぬ心温かいご指導を頂いている京都大学名誉教授（現・佛教大学教授）の山﨑高哉先生に心よりお礼申し上げたい。山﨑先生には、教育学の立場から環境教育にアプローチする意義を認めていただき、研究の広さと深さ、そして何よりも厳しさを教えていただいた。

次に、環境教育についての発表の機会を幾度も与えてくださり、そのつど、教育哲学および教育人間学的な視点から、的確なご教示とご助言をいただいた京都大学の矢野智司先生に衷心からお礼を申し上げたい。矢野先生には、学問的なご指導をいただいたばかりではなく、本書を出版する勇気をいただいた。

また、環境思想の観点から常に刺激的なコメントをくださる京都精華大学の井上有一先生にも心から感謝の気持ちを伝えたい。井上先生がいつも笑顔で温かく相談相手になってくださったおかげで、わたしは希望を絶やさず環境教育に取り組むことができた。井上先生は、研究に取り組むことにくじけそうになるわたしの精神的な支えであった。

本書は、二〇〇五年に「持続可能性に向けての教育研究会」のメンバーで執筆した『持続可能性に向けての環境教育』（昭和堂）に多くを負うている。研究会のメンバーである、井上有一先生、大阪教育大学の石川聡子先生、くらしき作陽大学の諸岡浩子先生、京都精華大学の五十嵐由美子先生、京都大学大学院の杉本史生さんにもお礼の言葉を申し述べたい。

さらに、原稿の加筆・修正にあたっては、わたしが気づかなかった表現上の問題を含め、多くの丁寧な指摘をしていただいた宮崎康子先生にお世話になった。心からお礼を申し上げたい。

最後になったが、出版にあたっては、昭和堂の松井久見子さんには、前著『持続可能性に向けての環境教育』に続いてお世話になった。いつもてきぱきと的確なアドバイスをくださり、本書の書名や構成を考える上でのヒントを与えてくださった。心よりお礼の言葉を述べさせていただきたい。そのほかにも多くの方々にお世話になった。おひとりおひとりのお名前を挙げられないが、ここで感謝の意を表したい。

わたしは、著書の「あとがき」を読むことを楽しみのひとつとしているのだが、自著の「あとがき」を書くのはもっと楽しい作業だ。本文を書く作業がつらかったからそういえるのだろう。もちろん、にがい気持ちと歯がゆい気持ちが混ざっている。それでも、ひと仕事を終えたという意味では、ちょっぴりだがうれしいキブンもある。本書を出すことで、たぶん誰かがまた手伝ってくれるだろうという予感がするからである。これから何度でも「あとがき」を書いてみたいと思う。

本書を契機に、わたしは多くの方々と環境教育に関する意見を交わしたい。また、環境教育に関するコミュニケーションが活性化することを祈りたい。ご援助・ご協力を心から願う次第である。

二〇〇九年九月

今村光章

主要参考文献一覧

相原正義、一九九二『新環境教育のとびら――授業の役にたつ話』(上)(下)、日本書籍新社。

朝岡幸彦、二〇〇五『新しい環境教育の実践――子どもとおとなのための環境教育シリーズ』高文堂出版社。

浅見匡、一九九四『中学校技術・家庭科で進める環境教育』(一)、明治図書。

阿部治、一九九〇「環境教育はいつ始まったか」『地理』三五(一二)。

阿部治、一九九一「環境教育をめぐる用語の整理」『学校保健研究』三三(四)。

阿部治・市川智史・佐藤真久・野村康・高橋正弘、一九九九「環境と社会に関する国際会議――持続可能性のための教育とパブリック・アウェアネスにおけるテサロニキ宣言」『環境教育』八(二)。

荒井惠雄・宮沢栄次、一九九八『環境問題の諸相』理工図書。

有田和正、一九九六『環境教育としての「ゴミ学習」』明治図書。

アルネ・ネス、斉藤直輔・関龍美訳、一九九七(原著一九八九)『ディープ・エコロジーとは何か――エコロジー・共同体・ライフスタイル』文化書房博文社。

飯島伸子編、一九九三『環境社会学』有斐閣。

石弘之・樺山紘一・安田喜憲・義江彰夫編、一九九九『環境と歴史』(ライブラリ相関社会学六)、新世社。

石川聡子編、二〇〇七『プラットフォーム環境教育』東信堂。

市川智史、一九九七「日本の環境教育の流れ」『環境教育のカリキュラム開発に関する研究報告書(平成八年度)』国立教育研究所。

市川智史・今村光章、二〇〇〇a「教員養成における環境教育カリキュラムの開発(一)――教員養成系大学・学部等における環境・環境教育科目」『滋賀大学教育学部紀要I　教育科学』第五〇号(二〇〇〇)。

市川智史・今村光章、二〇〇〇b「教員養成における環境教育カリキュラムの開発(二)――『環境教育論(講義)』の提案」

『滋賀大学教育学部紀要Ⅰ　教育科学』第五〇号（二〇〇〇）。

伊東俊太郎編、一九九六『環境倫理と環境教育』朝倉書店。

井上初代・小林研介、一九九六『幼稚園で進める環境教育』明治図書。

今井清一、一九九六『日本の環境問題と環境教育』晃洋書房。

今井清一、二〇〇二『環境教育論』（上）、晃洋書房。

今井清一、二〇〇六『環境教育論』鳥影社。

宇井純・西尾漠・丸谷宣子、二〇〇二『環境教育はじめの一歩』アドバンテージサーバー。

植原彰、一九九七『先生からはじめよう――わくわく環境教育』国土社。

エコ・コミュニケーションセンター、二〇〇二『ファシリテーター入門――環境教育から環境まちづくりへ』柘植書房新社。

大内正夫、一九七二「理科教育の課題と環境教育」『京都教育大学理科教育研究年報』第二巻。

大阪教育文化センター、一九九六『大阪の環境教育――公害・環境教育の二五年』清風堂書店。

大来佐武郎監修、一九九〇『地球規模の環境問題』（一）、中央法規。

大来佐武郎・松前達郎監修、一九九三『環境教育シリーズ』（全五巻）、東海大学出版会。

大森享、二〇〇四『小学校環境教育実践試論――子どもを行動主体に育てるために』創風社。

大森享・伊藤幸男、二〇〇六『二一世紀の環境教育――幼・小・中・高・大の授業実践‼――子どもの瞳が輝く授業』ルック。

岡田渥美編、一九九四『老いと死――人間形成論的考察』玉川大学出版部。

岡部翠、二〇〇七『幼児のための環境教育――スウェーデンからの贈りもの「森のムッレ教室」』新評論。

小川潔・伊東静一・又井裕子・阿部治・朝岡幸彦、二〇〇八『自然保護教育論』筑波書房。

奥井智久・佐島群巳、一九九四『小学校環境教育ガイドブック』教育出版。

押谷由夫、一九九四『小学校道徳で進める環境教育』明治図書。

小野英喜、一九九九『子どもが変わる環境教育――Ｅｉ　ｂｏｏｋ』三学出版。

角田尚子『環境教育指導者育成マニュアル――気づきから行動へ参加型研修プログラム』国際理解教育センター。

加藤幸次・魚住忠久、一九九九『環境教育をめざした総合学習』黎明書房。

加藤尚武、一九九一『環境倫理学のすすめ』丸善。

加藤尚武、一九九六『現代を読み解く倫理学――応用倫理学のすすめⅡ』丸善。

加藤秀俊編、一九九一『日本の環境教育』河合出版。

河合隼雄、一九九五『臨床教育学入門』岩波書店。

川嶋宗継・市川智史・今村光章編、二〇〇二『環境教育への招待』ミネルヴァ書房。

川原庸照・萩原秀紀・川崎謙、一九九八「環境教育における地球環境と地域環境」『環境教育』八（一）。

河村竜弌、一九九四『実践で生きる環境教育――DT教育シリーズ』大日本図書。

環境教育推進研究会、一九九二『生涯学習としての環境教育実践ハンドブック――二一世紀に向けて地域のより良い環境づくりのために』第一法規出版。

環境庁編、一九九四『環境基本計画』大蔵省印刷局。

関西唯物論研究会編、一九九五『環境問題を哲学する』文理閣。

北野日出男・木俣美樹男、一九九二『環境教育概論――身近な生活環境の学習から地球環境の保全へ』培風館。

北村和夫、二〇〇〇『環境教育と学校の変革――ひとりの教師として何ができるか』農山漁村文化協会。

清里環境教育フォーラム実行委員会、一九九二『日本型環境教育の「提案」――自然との共生をめざして』小学館。

グループ・ディダクティカ編、二〇〇〇『学びのためのカリキュラム論』勁草書房。

河野公子、一九九四『中学校技術・家庭科で進める環境教育』（二）、明治図書。

小金井正巳、一九七二「理科教育は公害問題にどう対処すべきか」『理科の教育』二一八（三）。

国立教育研究所環境教育研究会、一九八一『学校教育と環境教育――カリキュラム編成の視点』教育開発研究所。

国立教育政策研究所教育課程研究センター、二〇〇七『環境教育指導資料（小学校編）』東洋館出版社。

小林朋道、二〇〇七『人間の自然認知特性とコモンズの悲劇――動物行動学から見た環境教育』ふくろう出版。

佐伯胖・宮崎清孝・佐藤学・石黒広昭、一九九八『心理学と教育実践の間で』東京大学出版会。

坂井信生、一九七七『アーミシュ研究』教文館。

榊原康男、一九七六「環境教育の基本的性格と人類史的意義」『社会科教育』一四六。

桜井純子・橋本都、一九九四『小学校家庭科で進める環境教育』明治図書。

佐島群巳・奥井智久、一九九四『中学校環境教育ガイドブック』教育出版。

佐島群巳、一九九五『感性と認識を育てる環境教育』教育出版。

佐島群巳他編、一九九六『環境教育指導辞典』国土社。

佐島群巳、一九九七『環境マインドを育てる環境教育』教育出版。

佐島群巳、二〇〇二『環境教育の基礎・基本』国土社。

佐長健司、一九九八『ゴミ学習で進める環境教育』明治図書。

滋賀環境教育研究会、一九九三『新しい学力観に立つ環境教育――琵琶湖畔での水環境学習』東洋館出版社。

柴田良稔、一九九八『環境と共生の教育学――総合人間学的考察』大空社。

住宅総合研究財団住教育委員会編、一九九八『まちは子どものワンダーらんど』国土社。

ジョン・フィエン、石川聡子・石川寿敏・塩川哲雄・原子栄一郎・渡辺智暁訳、二〇〇一（原著一九九三）『環境のための
教育――批判的カリキュラム理論と環境教育』東信堂。

ジョン・マコーミック、石弘之・山口裕司訳、一九九八（原著一九八九）『地球環境運動全史』岩波書店。

椙山正弘・田中俊雄編、一九九二『地球環境と教育』ミネルヴァ書房。

鈴木善次、一九九四『環境教育論』創元社。

鈴木恒夫、二〇〇五『環境保全活動・環境教育推進法を使いこなす本』中央法規出版。

鈴木紀雄と環境教育を考える会、二〇〇一『環境学と環境教育』かもがわ出版。

住田和子・西野祥子、二〇〇三『生活と教育をつなぐ人間学――思想と実践環境教育＝家庭科教育＝消費者教育＝家庭教育』

開隆堂出版。

全国小中学校環境教育研究会、一九九二『環境教育ハンドブック――授業に生かせる環境教育実践事例集』日本教育新聞社。

田浦武雄、一九六七『教育的価値論』福村出版。

高橋哲郎、一九九三『子どもの発達と環境教育』法政出版。

高村泰雄・丸山博、一九九六『環境科学教授法の研究』北海道大学図書刊行会。

竹中暉雄・中山征一・宮野安治・徳永正直、一九九七『時代と向き合う教育学』ナカニシヤ出版。

立石喜男、一九九四『中学校道徳・特別活動で進める環境教育』明治図書。

田中実・安藤聡彦編、一九九七『環境教育をつくる――〈教え〉から〈学び〉への授業づくり』大月書店。

谷村賢治・斎藤寛、二〇〇六『環境知を育む――長崎発の環境教育』税務経理協会。

塚野征、一九九六『環境問題と道徳教育』東洋館出版社。

デイヴィット・アーノルド、飯島昇蔵・川島耕司訳、一九九九（原著一九九六）『環境と人間の歴史――自然、文化、ヨーロッパの世界的拡張』新評論。

徳水博志・西郷竹彦、二〇〇四『森・川・海と人をつなぐ環境教育――文芸研の授業』明治図書。

豊島安明、二〇〇一『子供たちに感動体験を――自然から学ぶ環境教育』信山社サイテック。

中島美恵子、一九九六『地域に学ぶ環境教育――私の教育実践』教育出版。

成田国英、一九九四『小学校特別活動で進める環境教育』明治図書。

日本環境教育フォーラム、二〇〇八『日本型環境教育の知恵――人・自然・社会をつなぎ直す』小学館クリエイティブ。

日本経済新聞社編、一九九二『地球環境問題入門』日本経済新聞社。

日本児童教育振興財団編、一九九五『環境教育実践マニュアル（一）――「全国小学校・中学校環境教育賞」優秀事例報告』小学館。

日本児童教育振興財団編、一九九六『環境教育実践マニュアル（二）――「全国小学校・中学校環境教育賞」優秀事例報告』小学館。

日本児童教育振興財団編、二〇〇三『環境教育実践マニュアル――「全国小学校・中学校環境教育賞」優秀事例報告』小学館。

沼田眞、一九八二『環境教育論』東海大学出版会。

沼田眞、一九八七『環境教育のすすめ』東海大学出版会。

沼田眞監修、一九九二『地球化時代の環境教育』（全四巻）、国土社。

ネットワーク編集委員会、一九九二『環境教育・授業記録集』学事出版。

野上智行、一九九四『アメリカ合衆国におけるゼネラルサイエンス成立過程の研究』風間書房。

野上智行編、一九九四『環境教育と学校カリキュラム――交感的環境認識を目指して』東洋館出版社。

鳩貝太郎・下野洋編、二〇〇二『ピンポイント新教育課程実践――環境をテーマにした学習活動五〇のポイント』（『教職研修』増刊号）。

林智・西村忠行・本谷勲・西川栄一、一九九七『サステイナブル・デベロプメント――成長・競争から環境共存へ』法律文化社。

林智・矢野直・青山政利・和田武、一九九七『地球温暖化を防止するエネルギー戦略』実教出版。

藤岡貞彦編、一九九八『〈環境と開発〉の教育学』同時代社。

日置光久、二〇〇八『環境教育指導プラン（高学年）――小学校で活かせる環境教育の指導実践例』文渓堂。

福島達男、一九九三『環境教育の成立と発展』国土社。

福島要一、一九八五『環境教育の理論と実践』あゆみ出版。

藤岡達也、二〇〇七『環境教育からみた自然災害・自然景観』協同出版。

藤村コノヱ、一九九五『環境学習実践マニュアル』風土社。

船橋晴俊・飯島伸子編、一九九八『講座社会学　環境』東京大学出版会。

降旗信一、二〇〇一『ネイチャーゲームでひろがる環境教育』中央法規出版。

降旗信一・朝岡幸彦編、二〇〇六『自然体験学習論――豊かな自然体験学習と子どもの未来』高文堂出版社。

増渕幸男、一九九四『教育的価値論の研究』玉川大学出版部。

松永嘉一、一九三三『人間教育の最重点――環境教育』玉川学園出版部。

水越敏行・熱海則夫編、一九九四『環境教育　新学校教育全集』（五）、ぎょうせい。

水越敏行・木原俊行、一九九五『新しい環境教育を創造する――子どもがきずく環境へのかけ橋（シリーズ・二一世紀を創る子どもと学校教育）』ミネルヴァ書房。

向山洋一、一九八六『国語の授業が楽しくなる――環境教育の課題と学習指導の工夫（教師修業）』明治図書。

メリル・アイゼンバッド、山県登訳、一九八一（原著一九七八）『ヒューマンエコロジー――環境・技術・健康（環境科学特論）』産業図書。

森昭、一九八九『現代教育学原論』（改訂二版）、国土社。

山内昭道、一九九四『幼児からの環境教育――豊かな感性と知性を育てる自然教育』明治図書。

山極隆、一九九三『中学校理科で進める環境教育』明治図書。

山下俊郎、一九三七『教育的環境学』岩波書店。

横浜国立大学教育人間科学部環境教育研究会、二〇〇七『環境教育――基礎と実践』共立出版。

吉田三男、一九九一『怒りの阿賀――新潟水俣病と環境教育』あずみの書房。

和田修二・山﨑高哉編、一九八八『人間の生涯と発達の課題』昭和堂。

和田武他、一九九七『地球温暖化を防止するエネルギー戦略』実教出版。

和田武編、一九九九『環境問題を学ぶ人のために』世界思想社。

欧文関係

Bowers, C.A., 1993, "*Critical Essays on Education, Modernity, and the Recovery of the Ecological Imperative*", Teachers College, Columbia University.
Bowers, C.A., 1995a, "Toward an Ecological Perspective", *Critical Conversations in Philosophy of Education*, Edited: Wendy Kohli, Routledge.
Bowers, C.A., 1995b, *Educating for an Ecologically Sustainable Culture: Rethinking Moral Education, Creativity, Intelligence, and Other Modern Orthodoxies* (Suny Series I). State University of New York Press.
Bowers, C.A, 1997, *The Culture of Denial: Why the Environmental Movement Needs a Strategy for Reforming Universities*

and Public Schools, State Unversity of New York Press, Albany.

Brooner, S.E., 1992, "*Fromm in America*", (Michael Kessler/ Rainer Funk (Hrsg), "*Erich Fromm und die Frankfurter Schule*", Francke Verlag GmbH.)

Busemann, A, 1932, "*Handbuch der Paedadogischen Milieukunde*", Paedagogischer Verlag Hermann Schroedel, Halle (Saale).

Claßn, J, 1987, "*Erich Fromm und die Pädagogik*", Beltz Verlag Weinheim und Basel.

Disinger, J.F., 1985, "*What Research Says*", School Science and Mathematics Volume 85(1), January.

Jickling, B., 1992, "Why I don't Want My Children to be Educated for Sustainable Development", *Journal of Environmental Education*, 23(4).

Jickling, B., 1993, "Research in Environmental Education: Some Thoughts on the Need for Conceptual Analysis", *Australian Journal of Environmental Education*, 9.

Jickling, B., 1997, "If Environmental Education is to Make Sense for Teachers, We Had Better Rethink How We Define It!", *Canadian Journal of Environmental Education*, 2.

Jickling, B. & Spork, H., 1998, "Environmental Education for the Environment: A Critique", *Environmental Education Research*, 4(3).

Jickling, B., 2000, "A Future for Sustainability?", *Water, Air, and Soil Pollution*, 123(1-4).

Keiny, S., & Zoller, U., (ed.), 1991, "*Coceptual Issues in Environmental Education*", Peter Lang.

Knapp, G.P., 1989, "*The Art of Living*", Perter Lang.

Rossen, J. van, 1995, "Conceptual Analysis in Environmental Education: Why I Want My Children to be Educated for Sustainable Development", *The Australian Journal of Environmental Education*, 11.

Shrader-Frechette, K.S., 1981, "*Environmental Ethics*", The Boxwood Press.

初出一覧

本書を執筆する上で、そのアイデアの土台となった論文の初出を示しておく。ただし、以下の論文に依拠している場合も、大幅に再編し、かなりの加筆と修正を加えているため、ほとんど原型をとどめていない場合も多々ある。すべて単著である。

第1章

「学校における環境教育の教育学的基礎づけを求めて」、一九九八、日本環境教育学会『環境教育』八（一）。

「教育学の視点から見た環境教育の成立と発展――環境教育の新たなる可能性を求めて」、一九九九、『仁愛女子短期大学紀要』第三一号。

第2章

「生活環境学の幅と広がり――教育学からのアプローチ」、二〇〇〇、長嶋俊介編『生活と環境の人間学』昭和堂。

「学校教育の危機とその克服」、二〇〇一、加茂直樹編『社会哲学を学ぶ人のために』世界思想社。

「環境教育ダブルバインド論を超えて」、二〇〇三、山﨑高哉編『応答する教育哲学』ナカニシヤ出版。

第4章

「エーリッヒ・フロムを基底とした環境教育理念構築へのアプローチ」、一九九六、『京都大学教育学部紀要』第四一号。

第5章

「物語のなかの環境教育を求めて――メカニカル＝テクニカルな『環境教育という物語』を超えて」、二〇〇三、矢野智司・鳶野克己編『物語の臨界――「物語ること」の教育学』世織書房。

第6章

「幼児期における消費者教育に関する教育学的考察――絵本のなかの消費者教育」、二〇〇六、『中部消費者教育学会紀要』第二号。

「絵本による幼児期の消費者教育の可能性を求めて――消費者教育的な視点からみた『花咲き山』分析の試み」、二〇〇六、日本消費者教育学会『消費者教育』第二六冊。

「幼児期の環境教育の契機としての環境絵本の意義」、二〇〇七、『岐阜大学教育学部紀要　人文科学』五六（一）。

第7章

「『環境絵本』の分類と制作過程の意義」、二〇〇七、日本環境教育学会『環境教育』一七（一）。

索　引

■著者紹介

今村光章（いまむら　みつゆき）

1965 年　滋賀県大津市生まれ
1990 年　京都大学教育学部卒業
1996 年　京都大学大学院教育学研究科博士課程修了（教育学専攻）
1997 年　仁愛女子短期大学幼児教育学科専任講師（1999 年　同・助教授）
2001 年　仁愛大学人間学部コミュニケーション学科助教授
2003 年　岐阜大学教育学部助教授（2007 年　同・准教授）　博士（学術）

単著
『アイスブレイク入門——こころをほぐす出会いのレッスン』2009 年、解放出版社
『ディープ・コミュニケーション——出会いなおしのための「臨床保育学」物語』2003 年、行路社
編著
『持続可能性に向けての環境教育』2005 年、昭和堂
『共に育ちあう保育を求めて』2003 年、みらい
『環境教育への招待』2002 年、ミネルヴァ書房
『未来を拓く保育』2000 年、みらい
共著
『プラットフォーム　環境教育』2008 年、東信堂
『教育学への誘い』2004 年、ナカニシヤ出版
『物語の臨界——物語ることの教育学』2003 年、世織書房
『応答する教育哲学』2003 年、ナカニシヤ出版
『生活と環境の人間学』2002 年、昭和堂
『社会哲学を学ぶ人のために』2001 年、世界思想社
『環境問題を学ぶ人のために』1999 年、世界思想社　　ほか。

環境教育という〈壁〉——社会変革と再生産のダブルバインドを超えて

2009 年 11 月 30 日　初版第 1 刷発行

著　者　今　村　光　章
発行者　齊　藤　万　壽　子

〒606-8224　京都市左京区北白川京大農学部前
発行所　株式会社　昭　和　堂
振替口座　01060-5-9347
TEL（075）706-8818 / FAX（075）706-8878
ホームページ　http://www.kyoto-gakujutsu.co.jp/showado/

印刷　亜細亜印刷

ISBN 978-4-8122-0947-9

小長谷有紀
シンジルト
中尾正義 編

中国の環境政策 生態移民

――緑の大地、内モンゴルの砂漠化を防げるか？

定価二九四〇円

福嶌義宏 著

黄河断流

――中国巨大河川をめぐる水と環境問題

定価二四一五円

日高敏隆
中尾正義 編

シルクロードの水と緑はどこへ消えたか？

定価二五二〇円

日高敏隆
秋道智彌 編

森はだれのものか？

――アジアの森と人の未来

定価二四一五円

湯本貴和 編

食卓から地球環境がみえる

――食と農の持続可能性

定価二三一〇円

総合地球環境学研究所 編

地球の処方箋

――環境問題の根源に迫る

定価二四一五円

総合地球環境学研究所 編

水と人の未来可能性

――しのびよる水危機

定価二四一五円

昭和堂

（定価には消費税5%が含まれています）

渡邉紹裕 編
地球温暖化と農業
——地域の食料生産はどうなるのか?
定価二四一五円

日髙敏隆 編
生物多様性はなぜ大切か?
定価二四一五円

窪田順平 編
モノの越境と地球環境問題
——グローバル化時代の〈知産知消〉
定価二四一五円

中尾正義 編
ヒマラヤと地球温暖化
——消えゆく氷河
定価二四一五円

鬼頭秀一 編
環境の豊かさをもとめて
——理念と運動
定価二六二五円

フレチェット 著
環境リスクと合理的意思決定
——市民参加の哲学
定価四五一五円

中道正之 著
ゴリラの子育て日記
——サンディエゴ野生動物公園のやさしい仲間たち
定価二四一五円

昭和堂

(定価には消費税5%が含まれています)